Ulrike Rieder

Richtig
Voltigieren

BLV Sportpraxis

Die Deutsche Bibliothek —
CIP—Einheitsaufnahme

Rieder, Ulrike:
Richtig Voltigieren / Ulrike Rieder. —
München; Wien; Zürich:
BLV, 1991
   (BLV Sportpraxis; 270)
   ISBN 3-405-13759-4
NE: GT

Umschlagfotos: Jean Christen
(Vorderseite), Werner Ernst (Rückseite)
Lektorat: Edith Ch. Kiel

BLV Verlagsgesellschaft mbH
München Wien Zürich
8000 München 40

BLV Sportpraxis 270

© 1991 BLV Verlagsgesellschaft mbH,
München

Satz: Typodata, München
Druck: Appl, Wemding
Buchbinder: Auer, Donauwörth

Printed in Germany · ISBN 3-405-13759-4

Ulrike Rieder, geb. in Heilbronn,
Studium der Fächer Sport und Englisch
in Tübingen und Heidelberg.
Als Zehnjährige begann sie mit dem
Voltigieren und war lange Jahre
Mitglied der Turniergruppe des Reiter-
vereins Heilbronn. Später trainierte
sie die Heilbronner und Heidelberger
Voltigiergruppen, außerdem erwarb
sie den Trainer-B-Schein als Voltigierwartin
FN; es folgten zahlreiche Lehrgänge
im In- und Ausland.
Ihre Erfahrungen kamen der Autorin als
Voltigierbeauftragte des Reiterbunds
Nordbaden und als Mitglied des Fachbeirats Voltigieren in Baden-Württemberg
zugute. Des weiteren bekleidete sie
neun Jahre lang das Amt der Vorsitzenden
des Fachbeirats Voltigieren der Deutschen
Reiterlichen Vereinigung e. V.
Ulrike Rieder ist nationale und internationale Richterin und richtete 1990 bei
den Weltmeisterschaften im Voltigieren
in Stockholm. Bis zum Jahr 1990 war
sie Mitglied des FEI-Subkomitees Voltigieren.
Sie ist Mitbegründerin des 1991
ins Leben gerufenen »Voltigierzirkels« der
Förder- und Interessengemeinschaft
für den Voltigiersport und hat viele Berichte
zum Thema Voltigieren veröffentlicht.

Inhalt

Inhalt

Zu diesem Buch

Seit dem ersten Erscheinen des Buches »Voltigieren – vom Anfänger zum Könner«, das sich zum Standardwerk des Voltigiersports entwickelt hat, sind zwölf Jahre vergangen. Kein neues Lehrbuch, welches das Gebiet des Voltigiersports umfassend darstellt, konnte bisher diese Lücke füllen. Inzwischen hat der Sport in den Disziplinen Einzel- und Gruppenvoltigieren eine weitere Entwicklung sowohl auf nationaler als auch auf internationaler Ebene erfahren. Dieses Voltigierbuch wurde jetzt völlig neu verfaßt, um aktuellen Erkenntnissen, Erfahrungen und Trends Rechnung zu tragen. Einige Kapitel wurden gekürzt, andere ergänzt oder neu hinzugefügt. Eine eingehende Beschäftigung mit dem Voltigieren macht einem bewußt, wie vielschichtig und interessant diese Sportart ist.

Die **Verflechtung von reitsportlichen mit turnerisch-gymnastischen und sportakrobatischen Komponenten mit hohen koordinativen Anforderungen in Verbindung mit erzieherischen Einflußmöglichkeiten** macht den besonderen Reiz dieser attraktiven Sportart aus. Überlegungen zur Pädagogik, Methodik, Bewegungs-, Trainings- und Longierlehre zeigen, daß hier noch ein großes unbearbeitetes Feld vorliegt und die theoretische Aufarbeitung dieser Gebiete bisher völlig unzureichend behandelt worden ist. Diese Themenvielfalt soll hier dargestellt werden, soweit dies im Rahmen eines solchen Buches überhaupt möglich ist. Es fällt nicht leicht, sich dabei nur auf ein Grundwissen zu beschränken. Für eine weitere Vertiefung der verschiedenen Themen wird der interessierte Leser nicht umhinkommen, sich zusätzlich mit anderer Literatur zu befassen. Einige Empfehlungen hierzu sind am Ende dieses Buches zusammengefaßt.

Jeder **Voltigierer** – vom Anfänger zum Könner – wird in diesem Buch Anregungen und Tips finden. Für den **Ausbilder und Longenführer** enthält es zahlreiche Unterrichtshilfen für die Praxis, Vorschläge für den Küraufbau sowie die Kürgestaltung und vermittelt ihm die notwendigen theoretischen Grundlagen. Für den **Voltigierrichter** werden die präzisen Bewegungsbeschreibungen von Interesse sein. Auch die **Eltern** der Voltigierer, deren Mithilfe für den Sport unentbehrlich ist, sollen angesprochen werden. Ihnen wird dieses Buch nicht nur einen Einblick in diese Sportart geben, sondern es soll auch zu einem besseren Verständnis für das Voltigieren mit seinen **beachtlichen erzieherischen und sportlichen Möglichkeiten beitragen.**

7

Einleitung

Geschichtlicher Rückblick

Voltigieren gehört zu den ältesten Sportarten überhaupt. Aus alten Quellen geht hervor, daß man die Vorzüge dieser Sportart schon in der **Antike** und im Rittertum zu schätzen wußte.

Die Wurzeln des Voltigiersports gehen auf **römische Zeiten** zurück, als das Programm der alljährlichen altrömischen Spiele aus Wagen- und Pferderennen sowie akrobatischen Vorführungen auf galoppierenden Pferden bestand. Das Voltigieren war neben Wagenrennen, Reiten, Fechten, Bogenschießen, Speerwurf, Ringen und Boxen ein fester Bestandteil des Ausbildungsprogramms der jungen Römer der sozialen Oberschicht. Im **Mittelalter** führten die Ritter Aufsprünge aufs Pferd und kunstvolle Übungen in voller Rüstung aus. In der **Renaissance** gehörte das Voltigieren zu den Exerzitien an den Ritterakademien und diente als Gewandtheitsschulung junger Adeliger. Zu dieser Zeit wurde aufgrund des französischen Einflusses das »Roßspringen« dann »La Voltige« bzw. »Voltigieren« genannt. Dazu BOHUS in seiner »Sportgeschichte«: »Es (das Voltigieren) hatte sich aus einer Vorübung der Reitschule zu einer selbständi-

gen Disziplin** entwickelt, wobei das Pferd durch eine hölzerne Attrappe ersetzt wurde. Dabei entstanden Übungsformen, die auch noch im heutigen Pferdturnen anzutreffen sind. Ziel des Voltigierens war die Vermittlung von Gewandtheit und Bewegungseleganz.«

Anhand alter Literatur kann man belegen, daß das Voltigieren viel älter als das heutige Geräteturnen ist, das auf die Turnübungen auf dem lebendigen Pferd bzw. später dem hölzernen Pferd zurückgeht. »Ich glaube, den übrigen Leibesübungen nicht zu nahe zu treten, wenn ich behaupte, daß das Voltigieren unter denselben oben anstehe, wenn man sie nämlich nach dem Nutzen rangiert, welchen sie auf Stärke und Gelenkigkeit, und auch in Abwendung von Gefahren äußern.« So VIETH 1795 in der »Enzyklopädie der Leibesübungen«.

Kunstreiter zu Nürnberg 1647.

Dieses Zitat veranschaulicht die Bedeutung, die das Voltigieren damals eingenommen hat. Einmaliger Höhepunkt in der Geschichte des Voltigierens war die Aufnahme des Sports unter dem Namen »Kunstreiten« ins Programm der **Olympischen Spiele in Antwerpen 1920.** Der Wettkampf bestand damals aus einem Einzel- und Mannschaftswettkampf für junge Kavalleristen.

Das **moderne Voltigieren,** wie es mit einigen Veränderungen und Verbesserungen heute ausgeübt wird, wurde erst gegen Ende der vierziger Jahre entwickelt, um vielen Kindern eine preiswerte Möglichkeit für den Einstieg in den Reitsport zu bieten. 1958 wurden vorläufige Richtlinien veröffentlicht; 1964 traten die 1. offiziellen Richtlinien in Kraft. **1963** fanden die **1. Deutschen Meisterschaften der Voltigiergruppen in Wiesbaden** statt, während die **1. Deutsche Meisterschaft im Einzelvoltigieren** viel später, nämlich im Jahr **1986 in Mannheim** ausgetragen wurde. Anfang **1983** trat das **erste internationale Reglement** der FEI in Kraft. Im folgenden Jahr wurden in **Ebreichsdorf** bei Wien die **1. Europameisterschaften** ausgerichtet und darauf **1986** die **1. Weltmeisterschaft in Bulle/Schweiz.** Bei den »World Equestrian Games« in Stockholm **1990** hatte der Voltigiersport die Gelegenheit, sich einer internationalen Öffentlichkeit vorzustellen.

Die Leistungen der Voltigierer wurden vom Publikum mit Begeisterung verfolgt und fanden in den Medien große Beachtung.

In den letzten 40 Jahren hat sich somit aus einer beliebten Freizeitsportart für Kinder und Jugendliche zusätzlich ein **selbständiger Wettkampf- und Leistungssport** auch für junge Erwachsene mit eigenen Regeln, Turnieren und Meisterschaften entwickelt.

Was bedeutet Voltigieren?

Voltigieren heißt, Übungen in turnerisch-akrobatischer Form auf einem galoppierenden Pferd auszuführen. Diese Sportart kann nur im Zusammenwirken mit dem Pferd, den Voltigierern und dem Longenführer, der das Pferd an der Longe auf einem Zirkel führt, betrieben werden. In Form von Pflicht- und Kürübungen sowie Einzel- und Partnerübungen bieten sich vielfältige Übungs-, Gestaltungs- und Kombinationsmöglichkeiten.

Das Voltigieren verbindet in idealer Weise das Interesse von Kindern und Jugendlichen an Pferden mit einer vielseitigen Bewegungserziehung.

Alle körperlichen Fähigkeiten wie u. a. Koordination, Gleichgewicht, Beweglichkeit, Sprung- und Stützkraft werden dabei geschult.

Im **Gruppenvoltigieren** sind alle Voltigierer – Kinder und Jugendliche – gemeinsam in einer Mannschaft an der Ausführung zahlreicher Übungsformen beteiligt. Im **Einzelvoltigieren** dagegen haben Jugendliche und junge Erwachsene die Möglichkeit, ihr persönliches Können in Form einer Pflichtleistung und einer eigenen Kürgestaltung zum Ausdruck zu bringen.

Voltigierer, Pferd und Longenführer sind aufeinander angewiesen und beeinflussen sich gegenseitig. Dieses Zusammenspiel verlangt von den Voltigierern ein **ständiges Sich-Einfühlen und Anpassen an die Bewegungen und den Rhythmus des Pferdes.** Keine Übung kann befriedigend gelingen, wenn sie nicht im Einklang mit dem Pferd verläuft! Voltigieren ist aber nicht nur Sporttreiben mit dem Pferd. Zum Voltigieren gehört auch, den Umgang mit dem Pferd zu erlernen sowie Pflichten und Aufgaben bei der **Pferdepflege** zu übernehmen. Das Pferd ist eben kein starres, lebloses Turngerät, das nach dem Sporttreiben einfach in einen Geräteraum geschoben werden muß! Vielmehr ist es der wichtigste Trainingspartner der Voltigierer und bedarf deren Rücksichtnahme und Fürsorge. Durch das Üben in einer Gruppe werden **Gemeinschaftssinn, Zusammenarbeit, Hilfsbereitschaft und Rücksichtnahme** gefördert. Bei Partnerübungen müssen die beteiligten Voltigierer aufeinander ein-

gehen und gleichzeitig ihre Bewegungen dem Pferd anpassen. Zwar kommt es bei den Grund- und Pflichtübungen auch auf das Einzelkönnen an, doch letztlich zählt im Gruppensport nur die **Gesamtleistung der ganzen Mannschaft.**

Das Einzelvoltigieren kann ebenfalls keine reine Leistung eines einzelnen sein; auch hier ist es für den Sportler erforderlich, mit dem Longenführer zusammenzuarbeiten und sich auf sein Pferd immer wieder neu einzustellen. Ohne die Mitwirkung der beiden anderen Sportpartner kann kein Einzelsportler zum Erfolg kommen!

Neben den sportlichen Werten sind diese **erzieherischen Werte** des Sports nicht zu unterschätzen. Diese Vorzüge werden beim **heilpädagogischen Voltigieren** und in der Therapie vielfach genutzt.

Vom Anfänger zum Könner

Von der ersten Übungsstunde eines Voltigierkindes bis zum leistungsmäßigen Voltigieren im Turniersport ist es ein langer Weg. Nur ein kleiner Teil aller Voltigierer schafft es oder möchte es schaffen, Mitglied einer Turniergruppe zu werden oder sogar später das Einzelvoltigieren leistungsmäßig zu betreiben. Eine Grundvoraussetzung für das Voltigieren ist es zuerst, daß der Anfän-

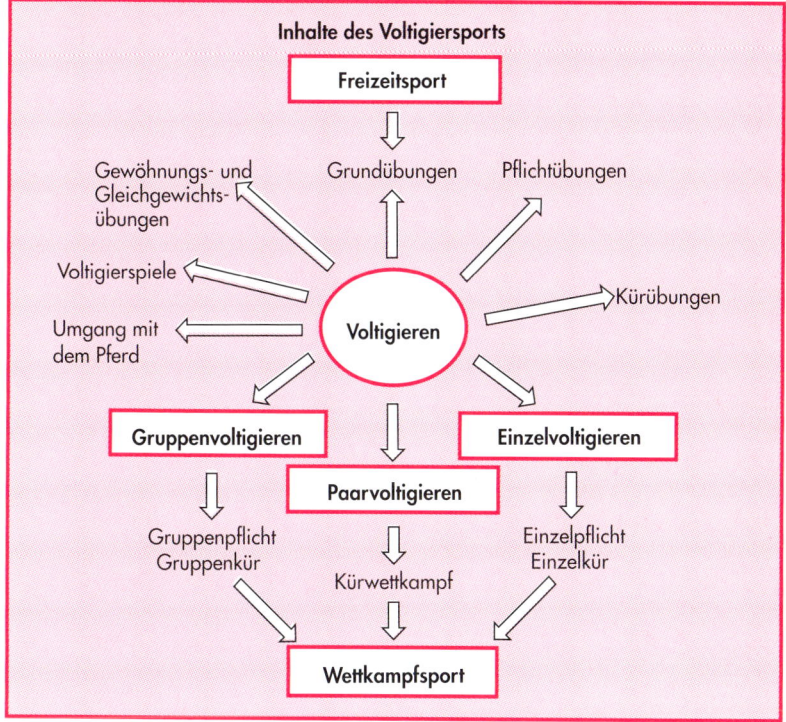

Inhalte des Voltigiersports

Freizeitsport → Grundübungen → Voltigieren

- Gewöhnungs- und Gleichgewichtsübungen
- Pflichtübungen
- Voltigierspiele
- Kürübungen
- Umgang mit dem Pferd
- Gruppenvoltigieren
- Einzelvoltigieren
- Paarvoltigieren
- Gruppenpflicht / Gruppenkür
- Einzelpflicht / Einzelkür
- Kürwettkampf
- Wettkampfsport

ger das Verhalten des Pferdes kennenlernt, die anfängliche Angst überwindet und **Vertrauen zum Pferd** faßt. Er lernt gemeinsam mit anderen, einfache Übungsformen auf dem Pferderücken auszuführen – im Halten, im Schritt und später auch im Galopp. Anfangs stehen das **spielerische Üben** und das **Ausprobieren** von leichten, neuen Übungseinfällen im Vordergrund. Für den Anfänger ist es schon eine beachtliche Leistung, auf das Pferd aufspringen zu können, und ein großes Erfolgserlebnis, wenn es ihm

gelingt, freihändig im Galopp für einige Galoppsprünge sitzenzubleiben, ohne das Gleichgewicht zu verlieren! Viele Kinder voltigieren über mehrere Jahre aus Spaß daran, ohne jemals bei Turnieren und Wettkämpfen mitzumachen. Die vielfältigen Aktivitäten wie Zeltlager, Voltigiertage, »Voltitreffs«, Projektwochen an den Schulen und Jugendaustausch mit anderen Ländern machen deutlich, daß das Voltigieren als **Freizeit- und Breitensport** mehr denn je einen hohen Stellenwert besitzt.

Voltigieren – eine selbständige Sportart

Wenngleich die Bewegungs- und Übungsformen des Voltigierens eher mit den Turn- und Gymnastikbewegungen verwandt sind als mit dem Reiten und viele Übungen mit den Elementen aus der Sportakrobatik große Ähnlichkeit aufzeigen, so sind doch die Fähigkeiten und Fertigkeiten, die ein Voltigierer erwirbt, auch für das Reitenlernen von Vorteil. Viele junge Menschen finden über das Voltigieren Zugang zum Pferdesport, auch wenn sie nicht sofort mit dem Reiten beginnen wollen oder können.

Geht ein Voltigierer zum Reiten über, so hat er anderen einiges voraus: Der Umgang mit dem Pferd ist ihm vertraut; er hat gelernt, das Gleichgewicht auf dem Pferderücken zu finden, sein Sitz ist geschmeidiger und losgelassener, und er hat Angsthemmungen vor dem Pferd überwunden. So geht das weitere Lernen in der Regel schneller vor sich.

Im **Leistungssport** liegt der Schwerpunkt auf der persönlichen Leistungssteigerung und dem Erringen von Erfolgen, wobei die »Zubringerfunktion zum Reitsport« zunehmend in den Hintergrund tritt. Für den Einzelsportler steht im allgemeinen mehr die individuelle Leistungsfähig-

keit, die Verfeinerung der Bewegungstechniken und die eigene Bewegungsgestaltung im Vordergrund. Ein spezielles Trainingsprogramm ist erforderlich, um im Turniersport weiterzukommen. Obwohl viele den Sport aus reinem Selbstzweck betreiben und sich vorerst völlig auf den Voltigiersport konzentrieren, fühlen sich die meisten ehemaligen Spitzenvoltigierer auch nach Beendigung ihrer Laufbahn mit dem Pferdesport verbunden. Die vielfache Weltmeisterin im Einzelvoltigieren, *Silke Bernhard*, hat sich nach ihrem Abschied vom Turniersport ein eigenes Pferd gekauft und wieder mit dem Reiten begonnen. **Der Voltigiersport wird weiterhin, vor allem im Breiten- und Freizeitsport, seine Rolle als Zubringer und Vorstufe zum Reitsport erfüllen. Trotz der engen Verwandtschaft mit dem Turnen bleibt die Zugehörigkeit des Voltigiersports zum Pferdesport unbestreitbar. Im Wettkampf- und Leistungssport muß das Voltigieren als völlig selbständige Pferdesportart und nicht mehr nur als reine Vorstufe des Reitsports betrachtet werden.**

So hat sich in den 50er und 60er Jahren das Voltigieren aus einem Kindersport nach langer Zeit erneut zu einem attraktiven Sport für Jugendliche und Erwachsene entwickelt; damit war der Anschluß an seine alte geschichtliche Tradition als eine eigenständige Sportart wieder hergestellt.

Bei Gruppenübungen, wie hier beim hochgestützten *Spagat,* kommt es auf das harmonische Zusammenspiel aller Voltigierer mit dem Pferd an.

Diese Tatsache fand schließlich im Jahre 1990 mit der gleichrangigen Einordnung des Sports in die Satzung der *Deutschen Reiterlichen Vereinigung* ihre längst fällige Berücksichtigung, wenn auch die völlige Gleichberechtigung mit den anderen Sportarten Reiten und Fahren bis heute leider noch nicht erreicht ist.

13

Was gehört zum Voltigieren?

Zum Voltigieren gehören

- das Voltigierpferd,
- die Voltigierer bzw. die Voltigier-gruppe,
- der Voltigierausbilder bzw. Trainer und Longenführer.

Sie bilden zusammen eine **Einheit,** bei der jeder auf den anderen angewiesen ist. Dieses Kapitel befaßt sich damit, welche Voraussetzungen für ein erfolgreiches Zusammenspiel aller Beteiligten erfüllt werden müssen.

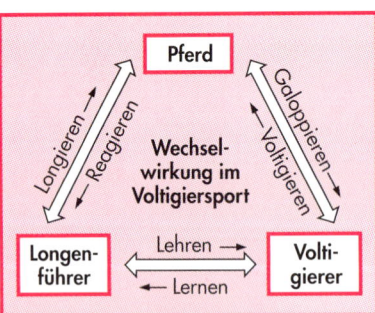

Das geeignete Voltigierpferd

Die meisten Kinder, die als Anfänger mit dem Voltigieren beginnen, sammeln ihre ersten Erfahrungen im Pferdesport mit einem Voltigierpferd, zu dem sie Vertrauen fassen müssen. Auch die Leistungen einer Wettkampfgruppe werden durch das Voltigierpferd ganz wesentlich beeinflußt.

Pferde, die alle erforderlichen Eigenschaften für ein brauchbares Voltigierpferd mitbringen, sind nicht ganz einfach zu finden. Bei der Suche nach einem Voltigierpferd muß man sich viel Zeit lassen und die entsprechenden Fachkenntnisse mitbringen, um nachher keine Enttäuschung zu erleben. Gut ausgebildete Voltigierpferde stehen nur selten zum Verkauf, deshalb gilt es, ein angebotenes, fertig ausgebildetes Voltigierpferd ganz besonders kritisch zu prüfen. Denn welcher Verein, der in der glücklichen Lage ist, ein geeignetes Voltigierpferd zu besitzen, wird dieses wieder zum Verkauf anbieten? So ist man im allgemeinen darauf angewiesen, selbst ein Pferd zu suchen, das die erforderlichen Eigenschaften erfüllen kann, um es dann selbst auszubilden.

Das Pferd sollte **nicht unter 5 Jahre alt** sein, bevor es regelmäßig im Voltigiersport eingesetzt wird. Jüngere Pferde sind den hohen Anforderungen noch nicht gewachsen, da ihr Muskel-, Sehnen- und Knochenapparat nicht ausgewachsen und damit noch nicht voll belastbar ist. Im Wettkampfsport dürfen nur 5jährige und ältere Pferde zum Einsatz kommen. Das Pferd sollte soweit angeritten und ausgebildet sein, daß es den **Anforderungen einer A-Dressur** entspricht. Zunächst muß man sich darüber klar werden, für **welchen Zweck** das Voltigierpferd verwendet werden soll. Braucht man ein Pferd für Anfänger oder Fortgeschrittene, mehr für Kinder oder Jugendliche, fürs Gruppen- oder Einzelvoltigieren, für den Freizeit- oder Wettkampfsport? Kleinpferde, Ponys, Haflinger, Norweger und Isländer können brauchbare Voltigierpferde für **Kinder- und Anfänger- sowie Spielgruppen** abgeben, wenn sie die erforderlichen Voraussetzungen erfüllen.

Ein Pferd, das auch **im Wettkampf** eingesetzt werden soll, sollte dem **Reitpferdetyp** entsprechen und ausgewachsen sein. Man bevorzugt hierzu sogenannte **Gewichtsträger,** d. h. größere Pferde, die in der Lage sind, das Gewicht von drei Voltigierern bei Partnerübungen zu tragen. Für das **Einzelvoltigieren** werden immer weniger Gruppenpferde eingesetzt; der Trend geht dahin, daß sinnvollerweise die Einzelvoltigierer eigene Pferde für Turniere zur Verfügung haben.

Gebäude des Voltigierpferdes
Typ breitbrustiges Reitpferdmodell mit guter Kondition und Gesundheit

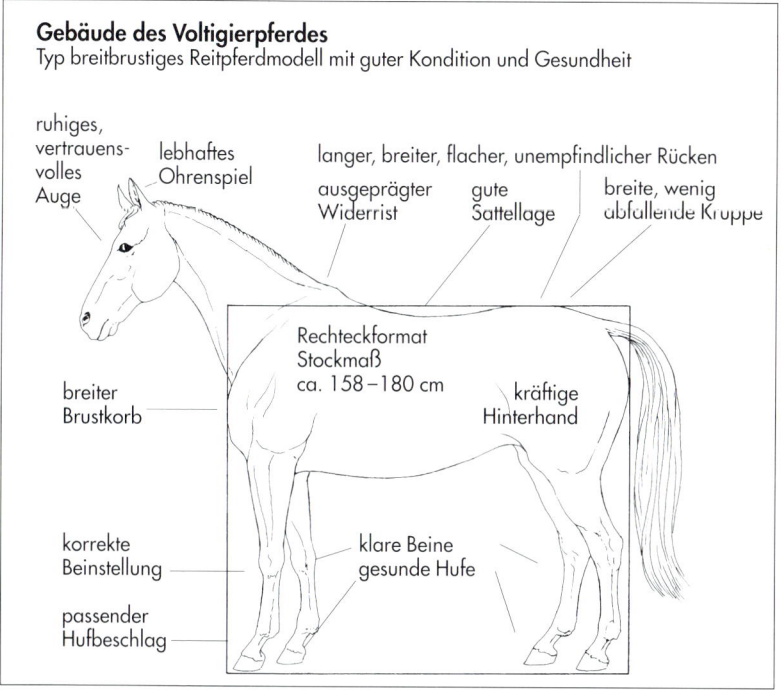

ruhiges, vertrauensvolles Auge

lebhaftes Ohrenspiel

langer, breiter, flacher, unempfindlicher Rücken

ausgeprägter Widerrist

gute Sattellage

breite, wenig abfallende Kruppe

Rechteckformat Stockmaß ca. 158–180 cm

kräftige Hinterhand

breiter Brustkorb

korrekte Beinstellung

klare Beine gesunde Hufe

passender Hufbeschlag

Wenn an einem Tag mehrere Einzelvoltigierer auf demselben Pferd starten wie eine Wettkampfgruppe, ist eine solche Belastung für das Pferd kaum noch zu vertreten. Soll ein Pferd vorrangig im Einzelvoltigieren gehen, wird man ein Pferd mit einem **Stockmaß** um 170 cm und darüber bevorzugen, das den besonderen dynamischen Anforderungen gewachsen ist und zur Person des Einzelvoltigierers paßt. Es ist unerläßlich, das ausgewählte Pferd vor dem endgültigen Kaufabschluß einer **tierärztlichen Untersuchung** zu unterziehen und es eingehend auf seinen Gesundheitszustand prüfen zu lassen. Man bedenke die Leistung, die ein Voltigierpferd erbringen muß: die häufige Galopparbeit mit ständigen Auf- und Absprüngen, die einseitige Beanspruchung auf der linken Hand, eine Gewichtsbelastung von bis zu 160 kg, die es ausbalancieren muß. Um diesen Anforderungen standzuhalten, muß das Pferd völlig gesund und ohne Stellungsfehler sein. Rasse, Herkunft, Farbe und Schönheit des Pferdes spielen erst in zweiter Linie eine Rolle. Ein gutes Voltigierpferd hat seinen Preis. Für die Jugend im Verein wird es jedoch eine lohnende Anschaffung sein und vielen jungen Menschen positive Erlebnisse im Pferdesport insgesamt vermitteln. Folgende Punkte müssen bei der Auswahl eines Voltigierpferdes beachtet werden:

Charakter

Bei der Gutmütigkeit des Pferdes können die wenigsten Abstriche gemacht werden. **Das Voltigierpferd muß im Umgang unkompliziert, brav und geduldig sein.** Die Kinder müssen sich ihm von allen Seiten furchtlos nähern und Zutrauen zu dem Pferd finden können. Kitzlige Pferde, Schläger oder Beißer kommen von vornherein nicht in Frage. Das ideale Voltigierpferd ist weder schreckhaft oder ängstlich noch geräusch- und sehempfindlich. Es braucht einen **unempfindlichen Rücken** sowie eine unempfindliche Nieren- und Flankenpartie und sollte auch Übungen auf der Halspartie zulassen. Während des Voltigierens ist es aufmerksam und reagiert willig auf die Hilfen des Longenführers. Das ist viel verlangt. Doch einem charakterlich untauglichen Pferd werden die Voltigierer sich nicht unbefangen und ohne Furcht nähern können. Das bedeutet, daß die Freude am Sport bald verlorengeht, ganz abgesehen von der damit verbundenen Unfallgefahr.

Temperament

Darunter versteht man **das Gemüt des Pferdes.** Bei Schwierigkeiten im Temperament des Pferdes wie Faulheit und Trägheit wird das Voltigieren sehr mühsam, da solche Pferde schwunglos und ungleichmäßig

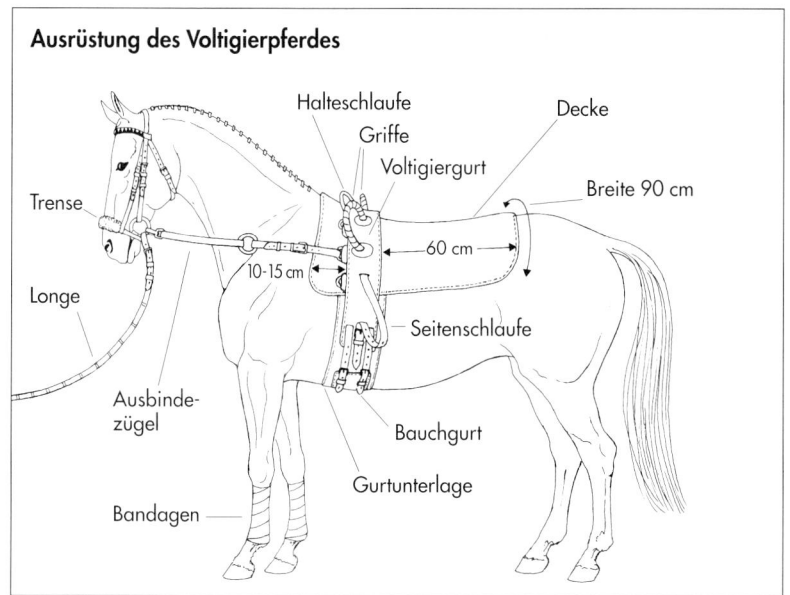

Ausrüstung des Voltigierpferdes

Halteschlaufe

Griffe

Voltigiergurt

Decke

Breite 90 cm

Trense

60 cm

10-15 cm

Longe

Seitenschlaufe

Ausbinde-
zügel

Bauchgurt

Gurtunterlage

Bandagen

gehen, dauernd getrieben werden müssen oder während des Übens sogar stehenbleiben. Aus diesem Grunde sollte das Pferd zwar **ausgeglichen, aber nicht träge** sein.

Galoppade

Das Pferd sollte möglichst schon an die Longe gewöhnt sein und gleichmäßig auf der Zirkellinie auf einem Hufschlag galoppieren können. Die Galoppade soll **gleichmäßig, taktmäßig, schwungvoll und ausgreifend** sein, wobei das Pferd mit der Hinterhand untertritt und die Vorhand entlastet. Des weiteren sollte es **über genügend Vorwärtsdrang verfügen,** ohne fortzustürmen. Ein ausgebildetes Pferd sollte **fleißig und ausdauernd galoppieren können** und konditionell in der Lage

sein, 15 Minuten ohne Schwierigkeiten durchzugaloppieren.
Mehr zum Thema »Voltigierpferd« auf den Seiten 28 ff.

Ausrüstung des Voltigierpferdes

Bei der Ausrüstung darf nicht gespart werden. Von der Qualität des Lederzeugs hängen Sicherheit und Haltbarkeit ab. Eine sachgemäße Pflege verlängert seine Lebensdauer. Alle Lederteile werden mit einem feuchten Schwamm und Sattelseife gereinigt und anschließend getrocknet. Um das Leder geschmeidig zu halten, wird es regelmäßig mit Lederfett oder Lederöl eingerieben. Man sollte die Voltigierer frühzeitig anleiten, diese Aufgabe selbst fachgerecht zu übernehmen.

Was gehört zum Voltigieren?

Ausrüstung des Pferdes/Erforderliche Eigenschaften

Zäumung
- [ ] Trense mit Reithalfter oder Kappzaum
- [ ] Trensengebiß, gemäß LPO Mindestdicke 14 mm
- [ ] Gummischeiben sind erlaubt
- [ ] gute Paßform, aus bester Qualität

Voltigiergurt
- [ ] ganz aus Leder, zur Sicherheit der Voltigierer nur beste Verarbeitung und Markenqualität verwenden
- [ ] evtl. mit eingearbeitetem Stahlbaum (aber: manche Pferde reagieren bei Druck auf solche Gurte empfindlich)
- [ ] gute Polsterung und Paßform (darf nicht auf dem Widerrist aufsitzen)
- [ ] evtl. mit getrenntem Bauchgurt
- [ ] mit zwei halbrunden, stabilen, profilierten, großen Griffen
- [ ] mit einer Halteschlaufe zwischen den Griffen
- [ ] mit zwei oder drei Möglichkeiten, die Ausbinder auf verschiedenen Höhen am Gurt einhängen zu können
- [ ] mit seitlichen Außen- und Innenschlaufen

Decke
- [ ] Größe ca. 10–15 cm vor und höchstens 60 cm hinter dem Gurt, 90 cm Breite
- [ ] Stärke 2 cm
- [ ] aus weichem, schmiegsamem Material

Gurtunterlage
- [ ] aus Schaumgummi, ca. 5–7 cm Dicke, mit waschbarem Bezug
- [ ] soll um den ganzen Gurt reichen, wenn keine Decke verwendet wird
- [ ] am Gurt befestigt, damit sie nicht rutschen kann

Ausbindezügel
- [ ] ganz aus Leder
- [ ] mit eingenähten Gummiringen
- [ ] passende Länge zum Pferd

Longe
- [ ] aus festem Gurtband, mit Handschlaufe
- [ ] Länge ungefähr 8 Meter
- [ ] mit Karabinerhaken oder Schnalle
- [ ] ohne Wirbel (Drehgewinde am Karabinerhaken), die Longe verdreht sich sonst zu leicht
- [ ] waschbar

Longierpeitsche
- [ ] leicht (innen hohl), handlich, flexibel
- [ ] Länge ca. 3–3,50 m, mit Gummigriff
- [ ] zerlegbar, im Pkw transportabel
- [ ] die Hinterbeine des Pferdes müssen mit dem Peitschenschlag erreichbar sein

Bandagen

☐ können, müssen aber nicht für Turniere verwendet werden
☐ reißfest mit Bändern, aus elastischem, waschbarem Material
☐ für schlagempfindliche Pferde im Training Gamaschen oder Wollbandagen verwenden

Ohrenschützer sind als Fliegenschutz möglich. Andere Hilfsmittel wie Hilfszügel sind für Turniere nicht zugelassen.

Auftrensen

Vor jeder Übungsstunde muß zuerst die Ausrüstung auf ihren Sitz hin überprüft werden. So ist eine **Trense** richtig verschnallt:

☐ Unter dem **Kehlriemen** hat noch eine aufrecht gestellte Hand Platz.
☐ Unter den **Kinnriemen** passen noch zwei Finger.
☐ Der **Nasenriemen** darf die Atmung nicht behindern. Er muß vier Finger breit überm Nüsternrand liegen und so verschnallt werden, daß zwei Finger darunterpassen.
☐ Das **Gebiß** ist so breit, daß es rechts und links nur wenig aus dem Maul herausragt; es darf die Lefzen nicht hochziehen.
☐ Die **Backenriemen** dürfen das Gebiß nicht hochziehen.
☐ Weder das **Stirnband** noch das **Kopfstück** dürfen zu kurz sein und auf die Ohren drücken.

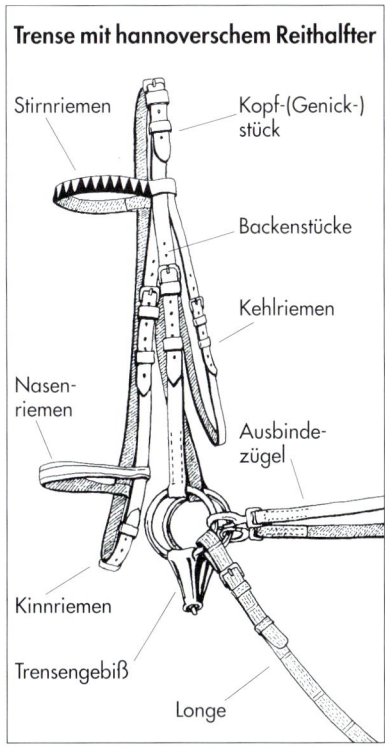

Trense mit hannoverschem Reithalfter

- Stirnriemen
- Kopf-(Genick-)stück
- Backenstücke
- Kehlriemen
- Nasenriemen
- Ausbindezügel
- Kinnriemen
- Trensengebiß
- Longe

Aufgurten

☐ **Unterlage** bzw. **Decke** am Widerrist auf den Pferderücken legen und glattstreichen.

☐ **Gurt** so auf die Unterlage legen, daß der Rand mit der Schulter des Pferdes abschließt und ebenso die Lage des Gurtes auf der anderen Seite überprüfen.

□ Der Gurt darf niemals auf dem Widerrist aufliegen!

□ Gurt so weit anziehen, daß er nicht mehr verrutscht.

□ Erst nach dem Lösen des Pferdes fest nachgurten. Wird der Gurt gleich zu fest angezogen, kann das Pferd Sattelzwang bekommen!

Wer kann voltigieren?

In erster Linie ist Voltigieren ein Sport für junge Menschen, doch seit der Aufhebung der lange bestehenden Altersgrenze von 21 Jahren kann jeder im Einzelvoltigieren solange weiter dabei bleiben, wie er Spaß daran findet.

Vereine, die guten Unterricht mit fähigen Ausbildern und guten Voltigierpferden anbieten, werden keine Schwierigkeiten haben, genügend Voltigierer zu bekommen. Im Gegenteil: Oft sind solche Vereine gezwungen, Wartelisten für die interessierten Kinder aufzustellen. Bevor ein Kind aufgenommen wird, sollte der Übungsleiter sich das Kind ansehen, um festzustellen, ob es die notwendigen körperlichen Voraussetzungen schon erfüllt. **Jungen und Mädchen** können miteinander in einer Mannschaft voltigieren. In den letzten Jahren hat sich das Voltigieren zunehmend zu einem Mädchensport entwickelt – ein Trend, der generell auch bei

den jugendlichen Reitern zu beobachten ist. Es liegt nahe, daß den Mädchen die turnerisch-gymnastischen Bewegungsformen eher liegen und sie sich in den betreffenden Altersstufen besonders zum Pferdesport hingezogen fühlen. Das **ideale Anfangsalter liegt zwischen 7 und 9 Jahren,** je nach der körperlichen Entwicklung des Kindes. Die Größe des Pferdes, das einer Anfängergruppe zur Verfügung steht, spielt eine wichtige Rolle. Es ist empfehlenswert, erst dann mit dem Voltigieren zu beginnen, wenn es dem Kind gelingt, den **inneren Griff des Voltigiergurts zu erreichen.** Ist ein Anfänger noch nicht groß genug, so kann er leicht beim Aufspringen unter das Pferd geraten.

Praktische Erfahrungen haben gezeigt, daß Kleinkinder unter 7 Jahren noch nicht genügend Geduld aufbringen können, jedesmal zu warten, bis sie wieder für eine Übung an der Reihe sind. Voltigierübungen im Galopp sind für sie zu riskant, da sie auf Anweisungen und Korrekturen noch nicht reagieren können. Wenn ein Verein ein Kleinpferd oder ein Voltigierpony zur Verfügung hat, können auch schon Kinder **ab 5 Jahren** aufgenommen werden, dabei wird spielerisch vorerst nur im Schritt und im Halten geübt. Bei **Kleinkindergruppen** muß man bedenken, daß die Kinder nicht in der Lage sind, sich über längere Zeit zu konzentrieren

Kindern machen Partnerübungen besonders viel Spaß. Diesen beiden Mädchen gelingt die *Doppelfahne* schon mit ausgestreckten Armen.

oder stillzuhalten, deshalb sollte eine solche Gruppe nicht aus mehr als **6–8 Kindern** bestehen.
Die meisten Reitervereine haben entsprechend dem Leistungsstand verschiedene Übungsgruppen eingerichtet: **Anfänger-** bzw. **Spielgruppen, Fortgeschrittenengruppen** sowie vielfach eine oder

mehrere **Leistungs- oder Turniergruppen** mit Voltigierern bis zu 18 Jahren, die an den Wettkämpfen teilnehmen. Sind in einem Verein mehrere **Einzelvoltigierer** aktiv, sollten für sie eigene Übungsstunden eingerichtet werden, um ihnen genügend Trainingszeit einzuräumen.

Was gehört zum Voltigieren?

Eine Übungsgruppe sollte 10–12 Mitglieder haben, damit die Voltigierer während der Übungsstunde genügend zum Üben kommen. Für Turniergruppen sind 8–10 Mitglieder empfehlenswert. Da beim Wettkampf nur 8 Voltigierer zum Einsatz kommen können, sind mehr als 10 Mitglieder wenig sinnvoll. 2 Ersatzvoltigierer, die mit der Stammgruppe mittrainieren und die ohne Schwierigkeiten in die Gruppe eingewechselt werden können, sind von Vorteil. Bei Verletzungen oder bei Erreichen der Altersgrenze eines anderen Gruppenmitglieds sollten sie sofort einsatzbereit sein.

Ausrüstung der Voltigierer

Zum Voltigieren braucht man keine aufwendige Kleidung oder Ausrüstung anzuschaffen. Zu den Übungsstunden kann übliche Kleidung getragen werden, wie sie jedes Kind für den Sportunterricht in der Schule besitzt. Grundsätzlich sollte die Kleidung bequem, zweckmäßig und pflegeleicht sein. Dazu gehören: Kurze Hosen, Sportshorts und T-Shirt oder Gymnastikanzug während des **Sommers** und im **Winter** lange, elastische Gymnastikhosen mit Pullover oder Trainingsanzug, dazu noch Sportsocken und Gymnastikschuhe aus Stoff oder Leder mit einem elastischen Gummikeil und flexiblen,

rutschfesten Sohlen. Tennis-, Basketballschuhe oder andere Sportschuhe mit festen Sohlen sind unzweckmäßig. Die harten Sohlen bohren sich während des Übens in den Pferderücken und man kann die Fußspitzen nicht strecken. Hosen mit weiten Beinen und schlapprige T-Shirts sind ungeeignet: Man bleibt leicht damit hängen und Ausführungsfehler sind schwer zu erkennen.

Der Voltigierausbilder

An den Voltigierausbilder, der meistens auch selbst die Longe führt, werden vielseitige Anforderungen gestellt: Er muß **Übungsleiter, Pferdefachmann, Erzieher, Betreuer, Berater und Organisator in einer Person** sein. Sein Können, Fachwissen und pädagogisches Geschick sind dafür ausschlaggebend, ob die jungen Sportler beim Voltigieren bleiben und zu einer Gruppe zusammenwachsen. Neben der Fähigkeit, ein Pferd korrekt longieren zu können, sollte er sowohl über sportpädagogische Kenntnisse als auch über genügend Sachverstand über den Voltigiersport betreffend verfügen. Viele erfolgreiche Ausbilder sind junge Leute, die selbst aktiv voltigiert haben und aufgrund ihrer praktischen Erfahrungen besonders gute Voraussetzungen mitbringen. Sie sind von klein auf mit Pferden vertraut und bringen meistens viel Engagement und Begeisterung für den Voltigiersport mit. Es gibt aber auch ausgezeichnete Ausbilder, die selbst nicht voltigiert haben und sich mit persönlichem Einsatz auf Lehrgängen und durch häufige Beobachtung ihre Kenntnisse erworben haben. Interessierte Ausbilder werden immer wieder von der Möglichkeit Gebrauch machen, sich in Lehrgängen über Longieren, Unterrichtslehre oder andere voltigierbezogene Themen fortzubilden, die in allen Landesverbänden angeboten werden. An der **Fachschule für Voltigieren in Hohenhameln** kann man in einem zweiwöchigen Kompaktlehrgang die Prüfung zum **Voltigierwart** (Trainer B-Schein) und **Voltigierlehrer (**Trainer A-Schein) ablegen. Dieser Ausbildungsweg wird auch in einigen Landesverbänden in Wochenendlehrgängen angeboten. Neu seit 1990 ist die Ausbildung zum **Fachübungsleiter Voltigieren für den Breitensport**.

Helfer beim Voltigieren

Dem Voltigierausbilder ist es eine große Hilfe, wenn ihm mindestens ein Helfer, z. B. ein erfahrener Voltigierer, zur Hand geht. Vor und nach der Übungsstunde sollte er bei der Vorbereitung des Pferdes mithelfen. Außerdem kann er verschiedene

Formen von Zusatzaufgaben anbieten, damit die Voltigierer immer in Bewegung bleiben und die Wartezeiten für die Voltigierer abgekürzt werden. Während der Ausbilder longiert, kann er das **Aufwärmen** im einleitenden Teil der Stunde übernehmen, **Hilfestellung** geben, den Anfängern auf das Pferd helfen, von außerhalb des Zirkels die Ausführung der Übungen korrigieren oder mit den Voltigierern am Übungspferd Übungen ausprobieren und verbessern.

Der geeignete Übungsplatz

Ein ruhiger Platz von mindestens 18 m, vorzugsweise von etwa 20 m **Länge und Breite** sollte zur Verfügung stehen. So besteht bei einer Zirkelgröße von wenigstens 13 m Durchmesser noch ein **Sicherheitsabstand von etwa 2,50 m** um die Zirkellinie herum, damit die Voltigierer gefahrlos nach außen abspringen können, ohne mit der Abgrenzung in Berührung zu kommen. Eine Begrenzung des Longierplatzes z. B. mit Cavaletti verhindert, daß das Pferd nach außen ausbricht, und gibt ihm die nötige Anlehnung.
Ideal ist es, wenn eine **Reithalle** mit einem ebenen, federnden, trittfesten Boden vorhanden ist. Die **richtige Bodenbeschaffenheit ist von großer**

Was gehört zum Voltigieren?

Bedeutung, um die Pferdebeine zu schonen, den Voltigierern die Absprünge und Landungen zu erleichtern und bei Stürzen harte Landungen und Unfälle zu verhindern. Tiefer, zu weicher Boden ist ebenso ungeeignet wie ein harter Boden!

Wenn das Wetter es zuläßt, sollte man auch hin und wieder **im Freien** üben, um dem Pferd und den Voltigierern etwas Abwechslung zu bieten und sie für Vorführungen im Freien vorzubereiten. Hierzu wäre ein gut präparierter Sandboden geeignet. Auf Rasenboden sollte nur voltigiert werden, wenn dieser nicht zu hart ist und mit einer Schicht Sand, Hobel- oder Sägespäne auf der Zirkellinie bedeckt ist.

Das Übungspferd

Ein Übungspferd aus Holz oder Metall ist ein unentbehrliches Hilfsmittel für den Voltigierunterricht. Es dient zum einem dazu, möglichst wenig Leerlauf im Unterricht entstehen zu lassen, zum anderen neue Übungsformen für die Kür auszuprobieren. Fast alle Voltigierübungen und Vorübungen können damit trainiert sowie neue Griffe und Hilfestellungen ausprobiert werden, ohne daß damit das Voltigierpferd belastet wird. Solche Geräte gibt es nicht zu kaufen. Man muß sie selbst herstellen bzw. einen Schreiner mit dem Bau des Holzpferdes

beauftragen oder ein Metallpferd aus Ölfässern schweißen lassen. Empfohlene Maße: Höhe und Länge ca. 140 cm, Durchmesser des ovalen Pferdekörpers ca. 40 cm, Beinlänge ca. 100 cm. Es ist wichtig, daß das Übungspferd stabil, standfest und leicht zu transportieren ist.

Wo kann man voltigieren?

Viele von den nahezu 5000 Reitervereinen in Deutschland haben Voltigiergruppen, auch solche für Anfänger. Man sollte sich in den Vereinen in der Umgebung umsehen, wo guter Voltigiersport angeboten wird; dort ist auch mehr über Übungsstunden und Kosten zu erfahren. Meistens gibt es die Möglichkeit, kostenlose Probestunden zu nehmen. So kann man ausprobieren, ob man Spaß am Voltigieren hat. Ideal ist es, wenn das Kind jemanden kennt, der schon voltigiert und den Anfänger das erste Mal in den Verein mitnimmt. Normalerweise findet für eine Gruppe eine Voltigierstunde pro Woche statt. Nur die Turniergruppen trainieren meistens zwei- bis dreimal in der Woche.

Am Übungspferd lassen sich sowohl Pflichtübungen korrigieren als auch Kürübungen mit verschiedenen Partnern ausprobieren.

Der Umgang mit dem Pferd

Vom Verhalten des Pferdes

Über dieses Thema findet man in vielen Pferdebüchern gute Erklärungen. Hier sollte deshalb nur kurz auf ein paar Gesichtspunkte im Voltigieren eingegangen werden. Daß ein Voltigierpferd über einen ausgeglichenen, gutmütigen Charakter verfügen muß, ist offensichtlich und wurde schon erwähnt. Jedes Pferd hat jedoch besondere Verhaltensweisen, die von jedem, der mit diesen Tieren zu tun hat, beachtet werden müssen. So sollten die Voltigierer von Anfang an den **Umgang mit dem Pferd richtig lernen und seine Verhaltensweisen und Reaktionen aufmerksam beobachten:** wie beispielsweise das Pferd mit den Augen, Ohren und dem Schweif seine gegenwärtige Gemütsverfassung zum Ausdruck bringt. Sie sollten wissen, wie man einen Stall richtig betritt, wie man ein Pferd führt, pflegt, füttert, tränkt und sattelt und auftrenst. Daß man sich einem Pferd niemals von hinten nähert, ohne es anzusprechen; daß es in der Nierenpartie meistens empfindlicher ist, und ähnliche Dinge sollten den Kindern bekannt

sein. Die Grundkenntnisse hierfür sind auch Bestandteil der theoretischen Prüfung des Voltigierabzeichens (s. Seite 174ff.).
Das **Vertrauen des Pferdes zu seinem Longenführer und der rücksichtsvolle Umgang** der jungen Sportler mit ihrem Voltigierpferd sind entscheidend für ein ruhiges, ausgeglichenes Verhalten. Dabei spielt auch eine **solide Grundausbildung** des Pferdes eine wichtige Rolle: mit einer allmählichen Gewöhnung an kleine und größere Voltigierer und an die anfangs ungewohnten Voltigierübungen auf seinem Rücken. **So müssen die Voltigierer auch lernen und verstehen, rücksichtsvoll mit ihrem Pferd umzugehen:** Beim Abbau von Übungen den Schwung abzufangen und weich auf das Pferd zurückzugleiten; die Fersen und Fußspitzen nicht in den Rücken zu bohren; beim Aufspringen die Beine nicht in die Flanken des Pferdes zu stoßen u.ä.
Das Pferd wird eine einfühlsame Behandlung durch ein geduldiges, ruhiges Verhalten ohne Untugenden danken. Es ist ein Irrtum zu glauben, daß ein gutes Voltigierpferd wie ein Roboter seine Runden dreht. Im Gegenteil: Das Pferd ist der Partner, der beim Voltigieren »mitmacht«. Es reagiert auf jede Gewichtsverlagerung und muß sie ausgleichen; es galoppiert vorsichtiger, wenn man auf ihm steht, oder es steigt behutsam über ein Voltigierkind, das gestürzt ist!

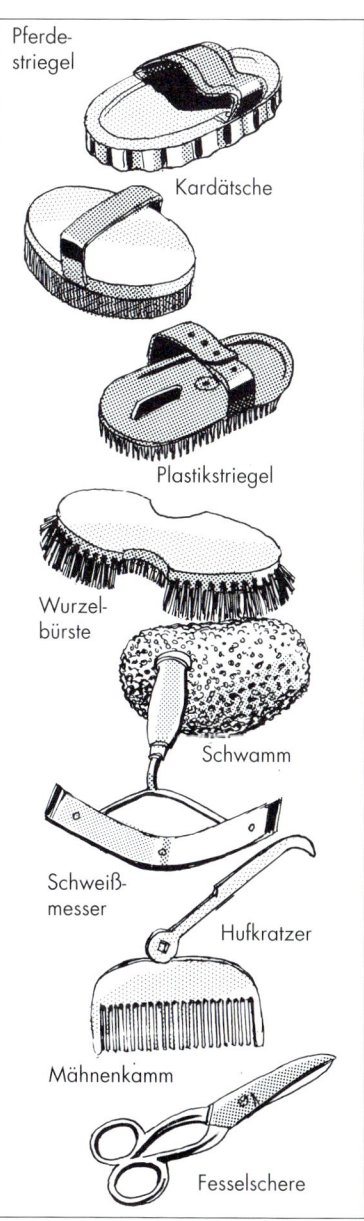

Pferde-striegel

Kardätsche

Plastikstriegel

Wurzel-bürste

Schwamm

Schweiß-messer

Hufkratzer

Mähnenkamm

Fesselschere

Die Pflege des Pferdes gehört auch dazu

Für die Pflege des Pferdes sind auch die Voltigierer verantwortlich. Meistens sind die Kinder gerne bereit, Pflegearbeiten zu übernehmen. Für jede Übungsstunde werden zwei Voltigierer für den »Pflegedienst« eingeteilt. Es ist nicht sinnvoll, wenn viele Kinder gleichzeitig am Pferd herumputzen, selbst die gutmütigsten Pferde mögen das auf Dauer nicht!

Es ist zweckmäßig, für das Voltigierpferd ein eigenes Putzzeug anzuschaffen.

Der Voltigierausbilder oder ältere Voltigierer sollten neue Kinder in der Pferdepflege anleiten, so daß sie bald mithelfen können. Nach der Übungsstunde ist es Aufgabe der Voltigierer, das Pferd **trockenzuführen**. An kühlen Tagen deckt man das Pferd mit einer Decke ab, damit es keine Zugluft bekommt. Nach der Übungsstunde müssen die **Beine abgespritzt** und die **Hufe ausgekratzt** werden.

Das Putzen dient nicht nur der Sauberkeit des Pferdes und dem Schutz vor Erkrankungen, durch die Pflege wird auch das Vertrauensverhältnis zwischen Mensch und Tier gefördert.

Die Eignung eines Pferdes als Voltigierpferd

Wenn man sich zum Kauf eines Voltigierpferdes entschließt, so ist es unerläßlich, ein angebotenes Pferd sorgfältig auszuprobieren. Dazu braucht man mindestens **drei erfahrene Voltigierer** und bringt am besten auch die eigene Voltigierausrüstung mit. Man sollte auf alle Fälle eine **Probezeit vor dem endgültigen Kauf** vereinbaren, damit man das Pferd im eigenen Voltigierbetrieb in aller Ruhe testen kann. Außerdem ist es dringend zu empfehlen, einen **Pferde-Fachmann** zu Rate zu ziehen und, wie vorne bereits erwähnt, das Pferd **tierärztlich untersuchen zu lassen,** bevor man sich endgültig entscheidet. Zunächst läßt man sich das Pferd an der Hand vorführen, mustert das **Gebäude** und beobachtet die **Gänge des Pferdes.** Dann wird das Pferd geritten, um festzustellen, wie es sich unter dem Sattel verhält und inwieweit es dressurmäßig ausgebildet ist. Danach wird im Halten die **Empfindlichkeit** des Pferdes getestet. Dazu klopft man mit der Hand Hals-, Rücken-, Nieren- und Flankenpartie ab. Nun wird ein Voltigierkind in den Sitz gehoben. Sodann können die untenstehenden Testübungen **im Halten** probiert werden.

Als nächstes wird das Pferd longiert. Man kann dabei die **Galoppade** beurteilen und das **Temperament des Pferdes** feststellen. Ein Voltigierer bzw. Reiter sitzt auf dem Pferd und kann mit Hilfe der Zügel, die man vorher in die Trensenringe eingeschnallt hat, das Tempo des Pferdes regulieren oder auch das Pferd durchparieren.

Handelt es sich um kein ausgebildetes Voltigierpferd, so darf man die Voltigierer keinesfalls gleich auf das Pferd zulaufen lassen, weil es sich erschrecken und dann stehenbleiben wird. Deshalb werden die Voltigierer anfangs vorsichtig auf das Pferd gehoben. Folgende **Testübungen** können **im Schritt** und später im **Galopp** ausprobiert werden.

☐ Ein Voltigierer hält sich an den Griffen fest und rutscht vorsichtig auf die Kruppe und dann wieder zurück an den Gurt, um die Empfindlichkeit der Flankenpartie zu testen;

☐ Knien und Hocke mit angefaßten Griffen am Gurt und auch etwas weiter hinten;

☐ im Sitz rechtes Bein über den Pferdehals zum Innensitz führen und wieder zurück zum Sitz;

☐ auf dem Hals vor dem Gurt sitzen;

☐ im Sitz die Beine vorschwingen wie zum Schwungholen.

Hat sich das Pferd bisher alle diese Übungen gefallen lassen, kann man mit **zwei bis drei Voltigierern im Schritt** die folgenden Übungen versuchen:

Zwei Voltigierer sitzen hintereinander:

☐ Doppelsitz: Der hintere Voltigierer kniet sich hin und gleitet vorsichtig nach außen ab. Der nächste Voltigierer springt auf usw. (nur bei Pferden, die das Auf- und Abspringen schon kennen!);

☐ wie oben; der Hintermann richtet sich zum Stehen auf und hält sich am Vordermann fest. Nun geht er vorsichtig einige Schritte zurück auf die Kruppe und wieder nach vorn. Sind diese Übungen im Schritt erfolgreich verlaufen, wird man sie **im Galopp** ausprobieren. Dabei zeigt es sich, wie sich das Pferd bei einer **Gewichtsbelastung mit zwei und drei Voltigierern** verhält. Bei einem ausgebildeten Pferd können die Voltigierer an der Longe schon auf- und abspringen und schwierigere Übungen ausführen.

Für ein »rohes« Voltigierpferd sind diese Testübungen noch völlig ungewohnt. Deshalb darf man es **nicht überfordern** und sollte es immer wieder **loben und beruhigen.** Wenn es sich gegen eine Übung wehrt, muß man gleich nachgeben und vorerst eine solche Übung weglassen. Man muß dabei versuchen zu erkennen, ob sich das Pferd nur vorübergehend gegen die ungewohnten Belastungen wehrt. Solche Schwierigkeiten könnten in der Ausbildung möglicherweise überwunden werden. Bestehen jedoch die geringsten Zweifel, sollte man sich lieber nach einem anderen Pferd umsehen; sonst investiert man viel Zeit in ein Pferd, das sich später als voltigieruntauglich erweist.

Voltigierbezogenes Longieren

Das richtige Longieren bildet die Grundlage für eine erfolgreiche Tätigkeit im Voltigiersport. Je besser ein Voltigierpferd longiert wird, desto mehr Spaß wird das Voltigieren machen und desto besser werden auch die Leistungen sein: **Ein schwungvoll, gleichmäßig galoppierendes Pferd unterstützt und erleichtert die Ausführung von Übungen wesentlich.** So wird auch im Wettkampf ein korrekt longiertes, an den Hilfen gehendes Pferd ein erheblicher Vorteil für alle Voltigierer sein.

Vor dem Longieren muß zuerst überprüft werden, ob die Ausrüstung richtig sitzt. Die **Ausbindezügel** dienen dazu, dem Pferd die richtige Stellung zu geben. Sie werden so geschnallt, daß der Nasenrücken des Pferdes kurz vor der Senkrechten steht. Stellung und Biegung des Pferdes sollen auf die Zirkellinie eingestellt werden, dazu wird der innere Ausbinder etwas verkürzt. Das Pferd ist dann korrekt nach innen gestellt, wenn die Halslinie deckungsgleich ist mit der Zirkellinie. Geht das Pferd losgelassen am

Der Umgang mit dem Pferd

Die beiden Möglichkeiten der Longenhaltung. Links: Die Longe wird über die ganze linke Hand geführt. Rechts: Hier wird die Longe wie ein Zügel gehalten.

Zügel, so soll das Genick (zwischen den Ohren) den höchsten Punkt bilden.

Die **Longe** wird am inneren Trensenring befestigt. Das Longenende mit der Handschlaufe wird in der linken Hand gehalten und die Longe wird in großen Schlaufen gleichmäßig aufgenommen; dabei liegt der Daumen oben und verhindert, daß sie aus der Hand gleitet. Mit angelegtem Oberarm, rechtwinklig gebeugtem Unterarm und aufrechter Faust wird die Longe gehalten. Man sollte darauf achten, daß sie nicht verdreht ist und immer gespannt bleibt. So läßt sich stets eine weiche Verbindung zum Pferdemaul aufrechterhalten.

Die **Peitsche** wird in der rechten Hand gehalten und zeigt in Richtung der Hinterhand des Pferdes. Sie wird so getragen, daß die Voltigierer darunter in die Zirkelmitte laufen können. Mit dem Schlag der Peitsche sollen die Hinterbeine des Pferdes erreichbar sein.

Der Longenführer steht auf einem Punkt in der Zirkelmitte. Er bewegt sich mit dem linken Fuß auf einer Stelle, während er mit dem rechten Fuß darum herumtritt. Das Pferd bewegt sich auf der Zirkellinie um den Longenführer herum und kann nur auf einem Hufschlag bleiben, wenn der Longenführer seinen Standort nicht verändert. Beim **Rauslassen des Pferdes auf den Hufschlag**

steht der Longenführer seitlich vom Pferd in der Mitte des Zirkels und führt das Pferd langsam im Schritt auf die Zirkellinie, indem er die Longe aus der Hand gleiten läßt und mit der Peitsche auf die Hinterhand des Pferdes zeigt. Die Longe sollte so lang sein, daß der Longenführer noch eine Schlaufe in der Hand behält, wenn sich das Pferd auf der Zirkellinie befindet (Zirkeldurchmesser mindestens 13 m).

Tip: Um den richtigen Abstand zu gewährleisten, bringen Sie am besten mit einem Klebeband eine Markierung an der Longe an.

Das Pferd wird zwischen Longe und Peitsche eingeschlossen; dabei darf die Longe nicht zu schnell herausgelassen werden, damit eine stete Verbindung zum Pferdemaul nicht verlorengeht.

Ziele beim Longieren

Ziel des korrekten Longierens soll sein, daß das Pferd zwanglos an die Ausbindezügel herantritt, Anlehnung sucht und taktmäßig, losgelassen vorwärtsgeht. Ein solches Pferd wird auch in der Lage sein, schwierige Doppel- und Dreierübungen auszubalancieren. Beim Longieren werden dieselben Ziele wie bei der Dressurausbildung angestrebt:

Takt

Takt ist das **Gleichmaß der Tritte.** Der Schritt ist eine schwunglose Gangart im Viertakt, der Galopp dagegen eine schwungvolle Gangart im Dreitakt. Auch während des Voltigierens soll der Takt erhalten bleiben.

Losgelassenheit

Ruhige, entspannte Bewegungen mit einem **schwingenden Rücken,** getragenem Schweif und Streckung des Halses nach vorwärts-abwärts sind Ausdruck der Losgelassenheit des Pferdes. Das richtige korrekte Sitzen und Eingehen in die Bewegungen des Pferdes ist nur möglich, wenn das Pferd nach dem Lösen die Losgelassenheit erreicht hat.

Anlehnung

Unter Anlehnung versteht man eine gleichmäßige, **stete Verbindung** zwischen Ausbindezügeln und Longe zum Pferdemaul. Die Hilfen des Longenführers bleiben ohne Anlehnung des Pferdes unwirksam.

Schwung

Der Schwung zeigt sich in geschmeidigen, **schwungvollen Bewegungen unter Beibehaltung des Taktes.** Die Hinterhand fußt federnd ab und nimmt das Gewicht

Der Umgang mit dem Pferd

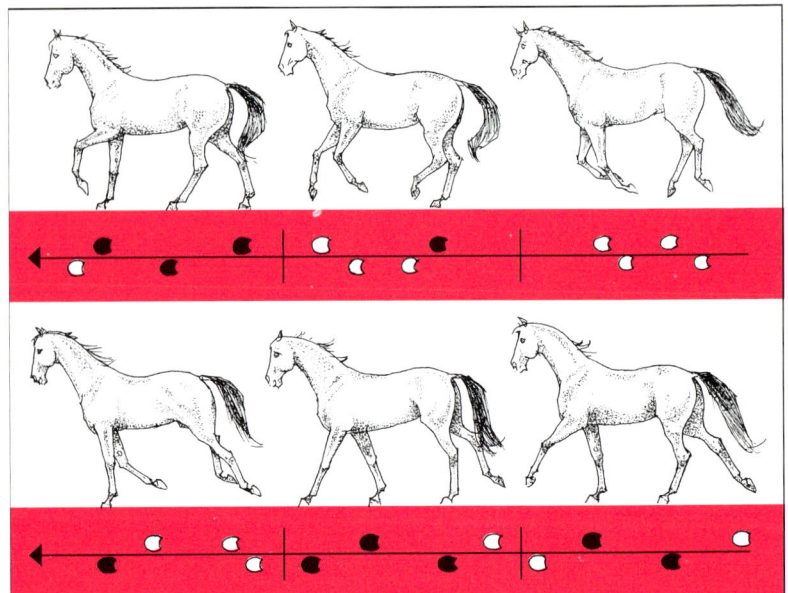

Fußfolge im Linksgalopp.

auf, der Rücken beginnt zu schwingen, erleichtert dem Voltigierer das Eingehen in die Bewegungen und gibt ihm den notwendigen Impuls für die Schwungübungen.

Geraderichten

Biegung und Stellung des Pferdes stimmen mit der Zirkellinie überein. Die **Hinterhand tritt in die Spur der Vorhand,** d. h. das Pferd bewegt sich auf einem Hufschlag. Das Geradegerichtetsein ist für die Übereinstimmung des Schwerpunktes zwischen Voltigierer und Pferd und für die Erhaltung der Balance wichtig.

Versammlung

Das Pferd steht gehorsam an den Hilfen. Die Hinterhand senkt sich und **springt unter den Schwerpunkt.** Das Pferd soll die vermehrte Gewichtsbelastung z. B. bei Dreierübungen mit der Hinterhand tragen und die Vorhand entlasten. So wird auch einem vorzeitigen Verschleiß der Vorderbeine entgegengewirkt. **Diese Ziele können durch das richtige Zusammenwirken der Hilfen erreicht werden.** Dazu muß der Longenführer die Reaktionen seines Pferdes ständig beobachten und wissen, wann er welche Hilfen einsetzen muß.

Ablongieren

Zu Anfang jeder Übungsstunde muß
das Pferd gelöst werden, bevor
man mit dem Voltigieren beginnt.
So wie sich ein Athlet vor einer
sportlichen Leistung aufwärmt, muß
auch ein Pferd für die Voltigierstunde vorbereitet werden, um **Takt und
Losgelassenheit** an der Longe zu
erreichen.
Man läßt das Pferd mindestens 10
bis 15 Minuten hauptsächlich auf
der **rechten Hand im Mittelschritt
und Arbeitstrab** gehen. In der
Regel werden anfangs keine Ausbindezügel eingehängt, aber eventuell Hilfszügel verwendet. Danach
wird das Pferd für ungefähr 2 Minuten auf beiden Händen mit eingehängten, langen Ausbindern im
Galopp gelöst. Für den **Handwechsel** wird das Pferd auf der Zirkellinie
durchpariert. Man geht dann auf
das Pferd zu, schnallt die Longe in
den anderen Trensenring, stellt die
Ausbinder auf die andere Bewegungsrichtung ein und führt das
Pferd auf die andere Hand.
Beim Ablongieren soll das Pferd
den Weg in die Tiefe finden, d. h.
bei der Streckung des Halses nach
vorwärts-abwärts soll es ungezwungen vorwärtsgehen, ohne fortzustürmen. Durch ständiges Herantreiben
an die Ausbindezügel wird bewirkt,
daß das Pferd Anlehnung sucht.
**Halbe Paraden und vermehrtes
Treiben veranlassen das Voltigierpferd, mit den Hinterbeinen unter-**
zutreten und energisch abzufußen.
Darauf sollte eine **Schrittpause folgen,** bevor das Training mit den Voltigierern beginnt. Der Voltigiergurt
wird nachgezogen und die Ausbinder werden auf die richtige Länge
eingestellt.

> **Tip:** Damit das Gebiß während
> des Ablongierens nicht aus dem
> Maul gezogen wird, wenn das
> Pferd vorwärtsstürmt, kann man
> die Longe noch zusätzlich in
> den Ring des hannoverschen
> Reithalfters einhängen oder sie
> durch den inneren Trensenring
> ziehen und in den äußeren Trensenring einhängen.

Hilfengebung beim Longieren

Die Hilfen des Longenführers sind
die Stimme, die Longe und die Peitsche; sie können treibend und verhaltend eingesetzt werden. Diese
Hilfen ersetzen die Kreuz-, Schenkel- und Zügelhilfen des Reiters.
Die **Peitsche** muß ruhig mitgeführt
werden, der Schlag liegt, jederzeit
schlagbereit, am Boden und wird
mit der Bewegung der Peitsche mitgeführt. Die **vorwärtstreibende
Hilfe** wird so angewandt, daß man
die Peitsche senkt und sie in die
Bewegungsrichtung des Pferdes an
die Hinterhand führt. Um das Pferd
am Sprunggelenk zu treffen, muß

der Peitschenschlag nach vorn geschwungen und wieder schnell zurückgenommen werden. Das oft sichtbare Einwirken mit der Peitsche während des Voltigierens wirkt störend und unruhig. Wenn nötig, ist eher ein kurzes Treffen der Hinterbeine mit dem Peitschenschlag wirksamer.

Die **Stimme** soll beim Voltigieren hauptsächlich als lobendes Mittel eingesetzt werden. Wird die Stimme gesenkt und werden Kommandos lang und gedehnt ausgesprochen, so wirkt sie lobend und beruhigend. Sie hat dagegen eine treibende Wirkung, wenn man sie hebt und kurze, energische Kommandos gibt oder mit der Zunge schnalzt. Da im Unterricht beim Korrigieren der Voltigierer ständig gesprochen und ohnehin im Wettkampf auf Stimmhilfen verzichtet werden muß, sollte man versuchen, im Training mit wenig Stimmhilfen auszukommen.

Unter einer halben Parade versteht man das kurze Annehmen und Nachgeben mit der Longe. Wichtig ist das Nachgeben, da hierbei das Pferd pariert. Durch halbe Paraden wirkt man auf das Pferd ein,

☐ um es auf eine folgende Übung aufmerksam zu machen,

☐ um das Tempo zu verkürzen,

☐ um das Pferd im ruhigen Galopp zu halten,

☐ um zur Versammlung zu gelangen,

☐ für Übergänge von einer Gangart zur nächsten,

☐ zur Einstellung des Pferdes auf die Zirkellinie u. ä.

Ganze Paraden setzen sich aus mehreren halben Paraden zusammen und parieren das Pferd aus der Bewegung zum Halten durch. Man darf nicht versuchen, durch ständiges Ziehen an der Longe das Tempo zu verkürzen. Vielmehr sollten die Paraden **fast unsichtbar** gegeben werden. **Jedem Annehmen der Longe muß ein Nachgeben folgen!**

Das **Geraderichten** und die **Biegung des Pferdes** erreicht man durch korrektes Ausbinden und durch Verlegen des Zirkels an eine Ecke der Bahn, so daß das Pferd gezwungen ist, mit den Hinterbeinen in die Spur der Vorderbeine zu treten.

Die erwünschte **Versammlung** wird durch Übergänge in eine andere Gangart, Tempowechsel und ganze und halbe Paraden erreicht. Das Pferd sollte auf Aufforderung **aus dem Schritt angaloppieren** und wieder zum Schritt und Halten durchparieren können. Dies ist auch zur Vermeidung von Unfällen besonders wichtig.

Beim **Durchparieren zum Halten** soll das Pferd auf dem Hufschlag stehenbleiben und nicht in den Zirkel drängen. Dies gilt auch nach Beendigung des Longierens bzw. Voltigierens. Wenn der Longenführer das Pferd zum Halten gebracht hat, nimmt er die Longe Schlinge um Schlinge wieder auf, während er auf das Pferd zugeht. Dabei darf die Longe den Boden nicht berühren.

Korrektes Longieren mit richtiger Longen- und Peitschenhaltung: Mit einer gespannten Longe bleibt die Verbindung zum Pferdemaul erhalten. So kann der Longenführer bei seiner Hilfengebung stets auf das Pferd einwirken.

Als Grundsätze beim Longieren gelten Geduld, Ruhe und Besonnenheit, und auch das Loben des Pferdes sowie kleine Belohnungen dürfen nicht vergessen werden.

Fehler und Korrekturmaßnahmen

Die häufigsten Fehlerursachen sind falsches Ausbinden, ungenügendes Treiben sowie ein fehlendes Zusam-

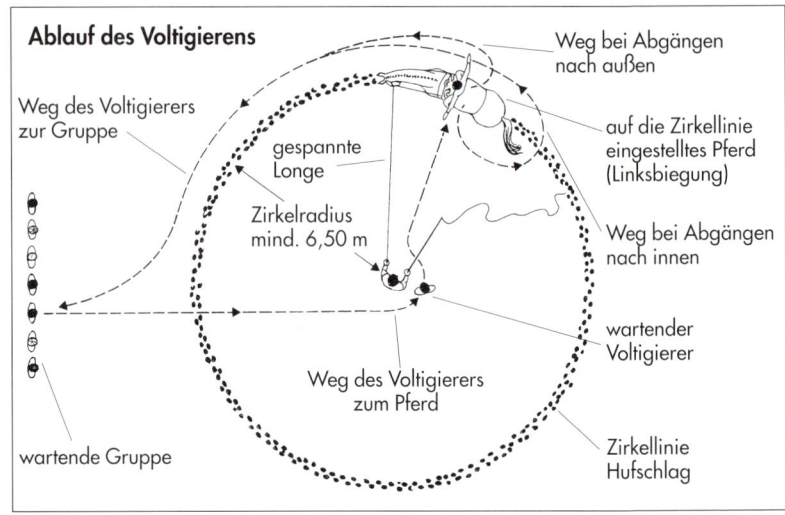

Ablauf des Voltigierens

Weg bei Abgängen nach außen

Weg des Voltigierers zur Gruppe

gespannte Longe

Zirkelradius mind. 6,50 m

auf die Zirkellinie eingestelltes Pferd (Linksbiegung)

Weg bei Abgängen nach innen

wartender Voltigierer

Weg des Voltigierers zum Pferd

Zirkellinie Hufschlag

wartende Gruppe

menwirken der Hilfen. Zur Korrektur sollte das Pferd von einem guten Reiter geritten und ohne Voltigierer auf beiden Händen longiert werden.

Das Pferd galoppiert unregelmäßig

Beim Voltigieren ist öfters der Schongalopp »Tralopp« sichtbar (Galopp mit der Vorhand und Trab mit der Hinterhand). Meistens liegt es an einer ungenügend trainierten Hinterhand- und Rückenmuskulatur, Schmerzen im Rücken oder an den Beinen und einer Überbelastung des Pferdes. Gezieltes Kraft- und Konditionstraining und eine verbesserte Ausbildung mit ständigem Vorwärtsgaloppieren-Lassen des Pferdes können hier Abhilfe leisten.

Das Pferd drängt ständig nach innen

Hängt die Longe ständig durch und kommt das Pferd nach innen, so zeigt man mit der Peitsche auf die Schulter des Pferdes. Während des Trainings kann man das Pferd mit der Stimme auffordern, rauszugehen, und es vorwärtstreiben. Eventuell muß man die Ausbinder korrigieren. Es kann auch daran liegen, daß das Pferd vor einem Gegenstand in Zirkelnähe scheut; da hilft es oft, die Störursache zu beseitigen oder den Zirkel an eine andere Stelle zu verlegen.

Das Pferd zieht ständig nach außen

Ausbinder mehr nach innen stellen, den Zirkel abgrenzen und mit halben Paraden auf das Pferd einwirken. Öfters mit ganzen Paraden das Pferd durchparieren und wieder angaloppieren lassen. Das Pferd hat möglicherweise auch Angst vor der Peitsche.

Das Pferd galoppiert im Außen- oder Kreuzgalopp an

Dies deutet darauf hin, daß das Pferd nicht genügend ablongiert und noch verspannt ist. Falsches Angaloppieren zeigt sich vor allem bei jungen Pferden, die in ihrer Ausbildung noch nicht fortgeschritten sind. Das Pferd durchparieren und es erneut angaloppieren lassen. Beim Außengalopp einen Schritt auf die Bande zugehen.

Das Pferd stürmt heftig vorwärts

Das Pferd hat Angst oder ist noch nicht genügend gelöst. Mit der Peitsche sich passiv verhalten, mit halben Paraden das Tempo regulieren. Versuchen, mit Geduld und beruhigender Stimme das Vertrauen des Pferdes wiederzugewinnen.

Das Pferd geht auf zwei Hufschlägen

Mangelnde Biegung und falsche Stellung des Pferdes. Es weicht mit der Hinterhand aus und tritt nicht in die Spur der Vorhand. Das Pferd unter dem Reiter gymnastizieren. Stellung der Ausbinder überprüfen!

Zur Ausbildung eines Voltigierpferdes

Für ein unausgebildetes, zukünftiges Voltigierpferd sind die Voltigierübungen völlig neu. Um das Pferd nicht zu überfordern, muß das Pferd schrittweise an die verschiedenen Übungen gewöhnt werden. Anfangs sollte man schon mit kleinen Fortschritten zufrieden sein. Der Longenführer muß das Vertrauen des Pferdes gewinnen und ihm allmählich die anfängliche Furcht vor dem Unbekannten nehmen. Die Ausbildung erfolgt in drei Formen:

1. Grundausbildung und Weiterbildung unter dem Reiter

2. Ausbildung und Training an der Longe

Hilfreich kann hierbei auch der Einsatz einer Doppellonge sein. Ein Pferd soll dabei lernen:

☐ Aus dem **Schritt:** antraben, angaloppieren, zum Halten durchparieren.

☐ Aus dem **Trab** angaloppieren, zum Schritt und zum Halten durchparieren, Tempounterschiede im Trab.

☐ Vom **Galopp** zum Schritt und zum Halten durchparieren, im Wechsel Trab – Galopp, Galopp – Trab, Tempounterschiede im Galopp.

☐ Aus dem **Halten** Schritt und Trab.
☐ Aus dem Halten und aus dem Schritt **angaloppieren**, ohne in den Kreuz- oder Außengalopp zu springen.
☐ Gleichmäßig und taktmäßig auf der **Zirkellinie** galoppieren.
☐ Mit ganzen Paraden **durchparieren**.
☐ Mit der Hinterhand **untertreten** und das Gewicht aufnehmen.

Die Ausbildung mit den Voltigierern kann begonnen werden, sobald das Pferd gelernt hat, korrekt an der Longe zu gehen und die oben stehenden **Gehorsamsübungen** beherrscht.

---

3. Einvoltigieren an der Longe

Das Pferd soll dabei lernen:
☐ Gleichmäßig weitergaloppieren, wenn die Voltigierer anlaufen, aufspringen und abspringen.
☐ Das Gewicht von bis zu 3 Voltigierern mit ständigen Gewichtsverlagerungen tragen und ausbalancieren.
☐ Mindestens 12–15 Minuten durchgehend mit Gewichtsbelastung galoppieren.
☐ Im Halten geduldig stehenbleiben, wenn Voltigierer üben.

Unbedingter Gehorsam des Pferdes ist für die Sicherheit der Voltigierer sehr wichtig, da sich der

Longenführer gleichzeitig auf das Pferd, die Voltigierer und die Ausführung der Übungen konzentrieren muß.
Die Ausbildung des Pferdes sollte von einem guten Fachmann erfolgen und muß **individuell auf das Pferd und seinen späteren Einsatzbereich abgestimmt sein.** Deshalb soll an dieser Stelle auf eine Anleitung verzichtet werden.

Einsatz und Training eines Voltigierpferdes

Auf ein **regelmäßiges, sinnvolles Training** muß auch bei ausgebildeten Voltigierpferden großer Wert gelegt werden, damit sie ausbildungsmäßig ihren Stand halten und möglichst viele Jahre im Voltigiersport eingesetzt werden können. Ein Voltigierpferd kann drei- bis fünfmal pro Woche in einer Voltigierstunde gehen. Zum Ausgleich der einseitigen Belastung auf der linken Hand beim Voltigieren soll das Pferd vor allem auch **auf der rechten Hand geritten werden. Ausritte und Weidegang** dienen dem Voltigierpferd als Abwechslung und gesunder Ausgleich.
Vereinsvorstand, Reitlehrer und Voltigierausbilder müssen gemeinsam Möglichkeiten finden, wie das Voltigierpferd richtig gearbeitet werden kann, damit es nicht überfordert

oder verschlissen wird. Hierin liegt jedoch vielfach das Problem, daß man zwar in den Reitervereinen gerne zahlreiche Voltigierer aufnehmen möchte und auch gerne die Erfolge der Turniergruppen sieht, doch das Voltigierpferd wegen seiner Gutmütigkeit als Anfänger- und Schulpferd verwendet wird, statt daß es unter einem guten Reiter dressurmäßig geritten wird.

Das Training des Voltigierpferdes besteht aus:

Dressur: Durch regelmäßiges Reiten unter einem guten Reiter wird eine systematische Gymnastizierung erreicht. Der Einsatz von Stangen und Cavaletti unterstützt das Training. Dabei sollte eine Ausbildung bis zur **Dressur Klasse L** erreicht werden.

Ausreiten: Lange Spazierritte im Schritt auf verschiedenen Böden dienen als Ausgleich, mit 10–20 Minuten Trab- und Galopp-Phasen als Kraft- und Konditionstraining.

Longieren ohne Voltigierer zur Korrektur auf beiden Händen, eventuell mit Dreieckszügel oder Chambon besonders bei jungen Pferden.

Gewöhnung des Pferdes an Geräusche wie Musik, Klatschen, Pfeifen usw., an Zuschauer als Vorbereitung für Vorführungen bei Schauauftritten oder Wettkämpfen.

Ein **Wochenplan muß individuell** für jedes Pferd entsprechend seinem Ausbildungsstand und Einsatz im Voltigiersport erstellt werden.

Vorschlag für einen Wochenplan	
Montag	Training im Gelände im Schritt, Trab und Galopp
Dienstag	morgens 1 Stunde Dressur, nachmittags **1 Stunde Voltigieren**
Mittwoch	1 Stunde Dressur, anschließend Ausritt im Schritt
Donnerstag	morgens 1 Stunde Dressur, nachmittags **1 Stunde Voltigieren**
Freitag	morgens Longieren, nachmittags **1 Stunde Voltigieren**
Samstag	1 Stunde Dressur, anschließend Ausritt im Schritt
Sonntag	1 Stunde Longieren über Cavaletti und Stangen oder Teilnahme an einem Wettbewerb

Am Tag nach einem Wettkampf soll ein Ausritt im Schritt erfolgen.

Wichtige Ratschläge vom Tierarzt

● Für die Gesunderhaltung des Pferdes ist es notwendig, **für ausreichende Bewegung** zu sorgen, das heißt mindestens 2 Stunden täglich. Ein Pferd braucht keinen Stehtag!

● Das korrekte, regelmäßige Ausschneiden der Hufe sowie der **richtige Hufbeschlag** sind von großer Bedeutung, um Fehlstellungen, Gelenkserkrankungen oder frühzeitigem Verschleiß vorzubeugen.

● Falsches Ausbinden bzw. zu enges Ausbinden führt zu Verspannungen der Hals- und Rückenmuskulatur und infolgedessen zu Schmerzen bei Belastung des Rückens durch das Gewicht der Voltigierer. Die **Rückenmuskulatur muß gearbeitet und trainiert werden, bevor man sie belasten kann.**

● Das Voltigierpferd kann nur dann schwierige Partnerübungen richtig ausbalancieren, wenn es so versammelt wird, daß es mit der Hinterhand unter den Schwerpunkt springt und das Gewicht aufnehmen und tragen kann. Dies bedingt eine **qualifizierte, regelmäßige Ausbildung unter dem Reiter.**

● Bedenke, daß das Pferd im Galopp kurzzeitig das gesamte eigene Körpergewicht und noch das Gewicht der Voltigierer nur mit dem linken inneren Hinterbein aufnehmen muß!

● **Zu viele Übungen und/oder zuviel Gewicht auf dem Pferdehals sind nachteilig,** weil dabei der Schwerpunkt zu weit nach vorne verlagert wird, d. h. das Pferd springt nicht mehr unter den Schwerpunkt: Es verliert den Galopprhythmus und fällt aus.

● 15 Minuten Dauergalopp sind eine anspruchsvolle **Ausdauerleistung.** Das Pferd galoppiert in dieser Zeit ca. 5–7 km; dies entspricht etwa einer Militaryleistung!

● Nach starker Beanspruchung wie einem Start auf einem Turnier darf das Pferd am nächsten Tag **nicht stehen bleiben**, sondern es muß bewegt und geführt werden, damit es die Stoffwechselschlacken (Milchsäure) abbauen kann (Muskelkater)!

● Nach dem Training die **Beine kühlen** und mit einer Mischung von 40% Spiritus oder Kampfer und 60% Wasser einreiben.

● Einseitige Belastung, Durchblutungsstörungen, Stellungsfehler, falscher Beschlag wie auch falsches Training des Voltigierpferdes können zu **krankhaften Veränderungen** im Bereich des Knochen-, Band- und Sehnenapparates und damit zur Lahmheit führen.

● Die **richtige Fütterung** muß bei vermehrter Belastung beachtet werden. Eine schnelle Energiebereitstellung wird durch eine Zusatzfütterung z.B. mit Traubenzucker oder Zuckerrübenschnitzel, die dem Futter beigemengt werden, erreicht. Eiweißreiches Futter wie Hafer, Pellets usw. in großen Mengen während des Turniers schadet nur. Es sollte in Maßen verabreicht werden, da die daraus gewonnene Energie erst Tage später zur Verfügung steht und somit während des Turniers der Stoffwechsel noch zusätzlich belastet wird.

Die Pflicht

Die Pflicht besteht aus sechs Einzelübungen:

1. Grundsitz	4. Schere
2. Fahne	5. Stehen
3. Mühle	6. Flanke

Eine hohe Dehnfähigkeit und Bewegungsgenauigkeit ist für alle Pflichtübungen erforderlich. Silke Michelberger, Europameisterin 1991, demonstriert hier beides in hervorragender Ausführung.

Dazu gehören die Grundübungen:
- ☐ Anlaufen und Mitgaloppieren,
- ☐ Aufspringen zum Sitz,
- ☐ Abgang nach innen,
- ☐ Bodensprung,
- ☐ Wende nach innen.

Jede Übung wird in **methodischen Lernschritten** erlernt; einige bewährte Wege werden hier vorgeschlagen. Natürlich gibt es mehrere Möglichkeiten hierzu. Die Lehrweise sollte immer dem Lernfortschritt der Voltigierer angepaßt sein. Als methodischer Grundsatz gilt, daß der Anfänger am Übungspferd und im Halten beginnt, den Bewegungsablauf dann im Schritt und schließlich im Galopp erlernt.

Alle Grund- und Pflichtübungen bilden die Grundlage für das Erlernen neuer Übungsformen und deren Variationen, die dann zu den **Kürübungen** zählen. In den »Richtlinien für Voltigieren« ist der vorgegebene Bewegungsablauf für die Grund- und Pflichtübungen knapp beschrieben. Für ein besseres Verständnis der **Idealbewegung** und der **korrekten Bewegungstechnik** werden in diesem Kapitel die Übungen besonders genau erklärt.

Sie werden hier immer **im Galopp auf der linken Hand, von der Zirkelmitte aus gesehen,** beschrieben. Die Pflicht wird **im Wettkampf in Übungsblöcken** gezeigt, dabei sollen alle Übungen flüssig miteinander verbunden werden.

Übungsfolge für **A- und B- Gruppen und für Einzel- voltigierer:**

1. Übungsblock
☐ Aufsprung zum Sitz
☐ **Grundsitz**
☐ **Fahne**
☐ **Mühle**
☐ Abgang nach innen
Beim Einzelvoltigieren folgt hier der Bodensprung.

2. Übungsblock
☐ Aufsprung zum Sitz
☐ **Schere**
☐ **Stehen**
☐ **Flanke**

Übungsfolge für **C-Gruppen:**

1. Übungsblock
☐ Aufsprung zum Sitz
☐ **Grundsitz**
☐ **Fahne**
☐ Abgang nach innen

2. Übungsblock
☐ Aufsprung zum Sitz
☐ **Mühle**
☐ **Schere**
☐ Wende nach innen

3. Übungsblock
☐ Aufsprung zum Sitz
☐ **Stehen**
☐ **Flanke**

Grundgriffe

Ristgriff (1)
Beide Handrücken zeigen nach oben, die Daumen zueinander. Ausgangsgriff für die meisten Übungen.

Kammgriff (2)
Die Handflächen zeigen nach oben, die kleinen Finger zueinander. Dieser Griff wird bei Übungen mit größerem Krafteinsatz angewandt.

Stützgriff (3)
Die Hände fassen die Griffe ganz unten an, wobei die Daumen die Griffe umfassen. Ein Griff für Unterleute zum Abstützen und für größere Voltigierer bei Schwungübungen wie Wende und Flanke.

Zwiegriff (4)
Die linke Handfläche und der rechte Handrücken (oder umgekehrt) zeigen nach oben. Der Griff kann bei der Flanke angewandt werden. Für die Rückwärtsschere kann der Zwiegriff so angewandt werden: Linker Handrücken und rechte Handfläche zeigen nach oben.

Griffe für den Aufsprung
Der Voltigierer sollte immer die Griffart wählen, die für die Größe des Pferdes und die eigene Körpergröße am besten geeignet ist.
Kleinere Voltigierer greifen mit beiden Händen nur an den inneren Griff: Die linke Hand faßt den Griff ganz unten an, die rechte Hand greift von oben oder etwa in der Mitte an den Griff **(5 + 6)**.

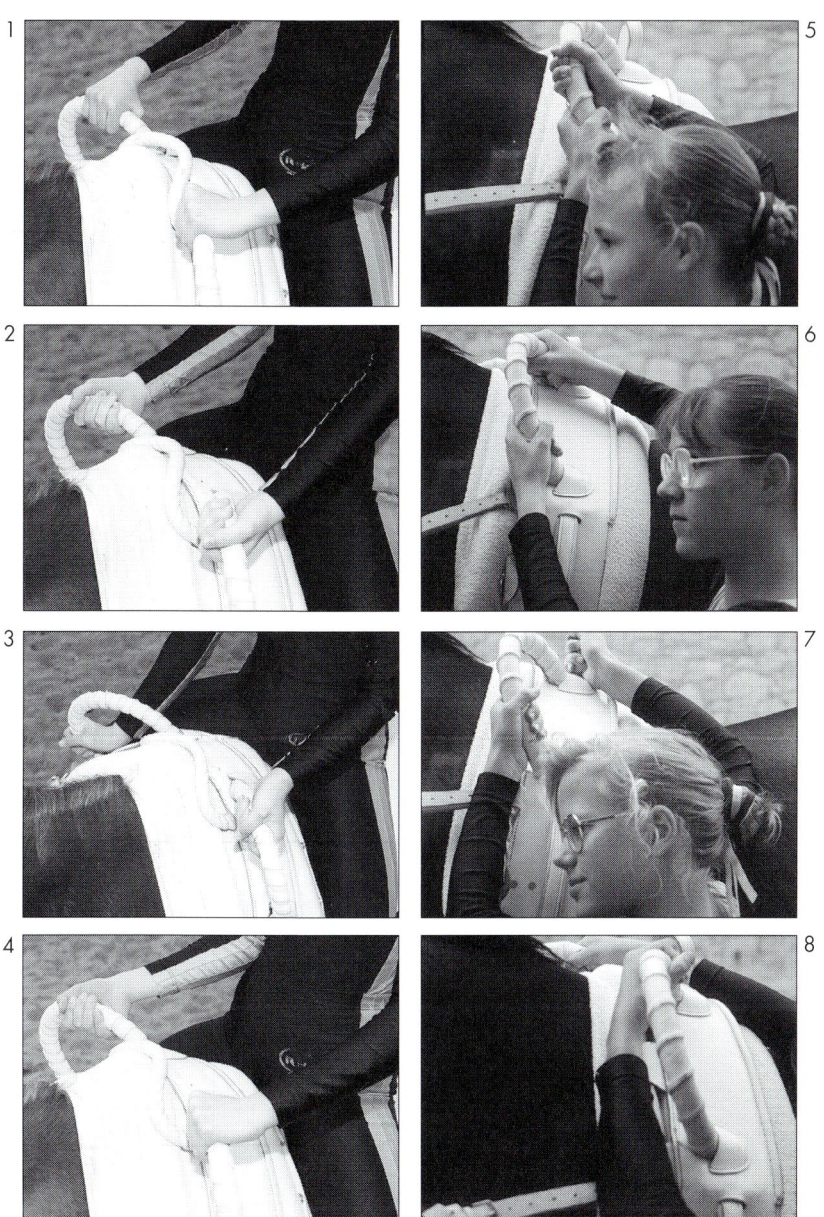

Größere Voltigierer können entweder an beide Griffe fassen oder nur an den inneren Griff und an die Halteschlaufe zwischen den Griffen. Wenn der linke Griff von oben gefaßt wird, kann man sich während der Flugphase auf dem linken Unterarm abstützen **(7 + 8)**. (Abbildungen s. Seite 43.)

Grundübungen für die Pflicht

Anlaufen und Mitgaloppieren

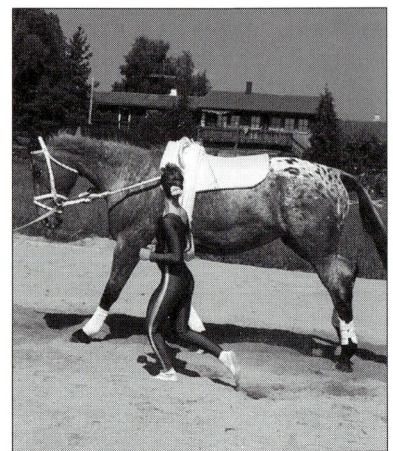

Richtiges Anlaufen (oben) und Mitgaloppieren in der Fußfolge des Pferdes (unten).

Das richtige Anlaufen und Mitgaloppieren bildet die Grundvoraussetzung für alle weiteren Formen des Aufsprungs. Deshalb muß der Voltigierer die korrekte Ausführung im Rhythmus mit dem Pferd sicher beherrschen, bevor er das Aufspringen erlernt.

Bewegungsablauf

● Der Voltigierer verläßt seinen Platz außerhalb des Zirkels, läuft hinter dem Pferd in die Zirkelmitte und stellt sich rechts neben dem Longenführer auf.

● Dort steht er bereit, bis der Voltigierer vor ihm zum Abgang ansetzt, er läuft dann unter der Peitsche durch – der Longe entlang auf das Pferd zu und erfaßt nun die Griffe des Voltigiergurts.

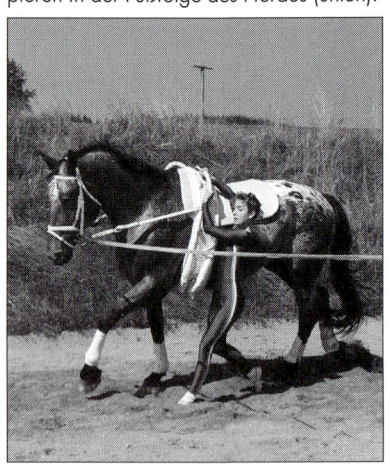

● Dabei ist wichtig, daß der Voltigierer weit vorne etwa auf der Höhe des Gurts in derselben Fußfolge des Pferdes mitgaloppiert. Der Oberkörper ist aufrecht und nach vorne gewandt, der Kopf hochgenommen mit Blickrichtung nach vorn.

Tips

● Kleinere Kinder haben oft Schwierigkeiten, mit dem Tempo des Pferdes mitzuhalten, und kommen so hinter die Bewegung. Wenn dies geschieht, müssen die Griffe sofort losgelassen und das Anlaufen nochmals wiederholt werden, andernfalls besteht die Gefahr, daß das Kind unter das Pferd kommt.

● So weit vorne wie möglich direkt der Longe entlang auf das Pferd zulaufen, dabei an Tempo zulegen, damit man auf der Höhe des Gurtes ankommt.

● Beim Anlaufen nicht mit den Armen wedeln, sondern sie ruhig hängenlassen, damit das Pferd sich nicht beunruhigt.

Hauptfehler

○ Zu langsames Anlaufen und Zurückfallen hinter das Pferd, d.h. der Voltigierer kann im Tempo nicht mithalten.

○ Der Galopprhythmus wird nicht beibehalten.

○ Die Arme sind gestreckt und der Voltigierer galoppiert zu weit hinten mit.

○ Der Oberkörper ist nicht aufrecht und nicht nach vorn, sondern zum Pferd gewandt und zeigt somit nicht in die Bewegungsrichtung.

Lernschritte

● Erst den Linksgalopp ohne Pferd üben: Gewicht auf das linke Bein verlagern und mit diesem Bein voraushüpfen, das rechte Bein wird nachgezogen. So oft üben, bis der Rhythmus sitzt.

● Im **Halten**: Ruhig auf das Pferd zugehen und es am Hals loben. Nochmals dasselbe und jetzt die Griffe anfassen; darauf achten, daß der Körper nach vorn zum Pferdekopf gedreht wird.

● Im **Schritt:** An der Longe entlanglaufen und in der Höhe der Vorderbeine ankommen; die Griffe ergreifen und einige Schritte in der korrekten Haltung mitgehen, zum Longenführer zurücklaufen. Mehrmals üben.

● Im **Galopp:** Auf das Pferd zugaloppieren, am Hals loben und wieder zurück zur Zirkelmitte. So oft wiederholen, bis man es schafft, das Pferd etwa auf der Höhe der Vorderbeine zu erreichen und den Gurt zu berühren.

● Wieder auf das Pferd zugaloppieren, die Griffe kurz berühren, gleich wieder loslassen und zurück zur Zirkelmitte laufen.

● Bei der nächsten Übung die Griffe anfassen, sich an den Gurt ziehen und versuchen, einige Galoppsprünge mit dem Pferd mitzugaloppieren. Sobald man hinter die Bewegung des Pferdes kommt, Griffe sofort loslassen und zur Zirkelmitte zurücklaufen.

● Das Anlaufen und Mitgaloppieren so oft üben, bis man ohne Schwierigkeiten mit dem Tempo des Pferdes mithalten kann. Jetzt kann der Aufsprung im Galopp erlernt werden!

Aufsprung zum Sitz

Bewegungsablauf

● Aus dem Mitgaloppieren erfolgt nach 2–3 Galoppsprüngen auf der Höhe der Vorderbeine des Pferdes ein **beidbeiniger Absprung** mit einem kräftigen Abdruck vom Boden (Stemmphase). Der Voltigierer muß, um den Schwung des Galoppsprungs auszunutzen, in dem Moment abspringen, wenn das Pferd mit dem inneren Vorderbein abfußt.

● Die Arme sind angewinkelt und ziehen den Körper an den Gurt. Der Voltigierer befindet sich im Moment des Absprungs vom Boden in einer leichten Rücklage. Unmittelbar nach dem Absprung mit beiden Beinen die Hüfte beugen und den Oberkörper nach vorne neigen.

● Gleichzeitig das rechte Bein möglichst hoch nach oben schwingen, das linke Bein bleibt senkrecht nach unten gestreckt.

● Das Gewicht auf die Arme verlagern. Auf den Gurt stützen und **möglichst hoch mit dem Gesäß und dem rechten Bein über den Pfer-**

derücken schwingen. Das Gesäß soll höher als der Schultergürtel sein.

● Mit den Armen den Schwung abfangen, das rechte Bein nach unten-außen schwingen und den Oberkörper wieder aufrichten. In der **Mitte des Pferdes** direkt hinter dem Gurt geschmeidig in den Sitz gleiten.

● Nach dem Absprung und während der gesamten Flugphase bis zur Landung auf dem Pferd sollen die Beine bis in die Fußspitzen gestreckt bleiben; im Sitz liegen die Beine wieder am Pferd.

Beim Aufsprung werden das rechte Bein hoch über die Kruppe geschwungen und der Oberkörper weit nach unten gebeugt.

Tips

● Mit geschlossenen Beinen gleichzeitig abspringen.
● Während des Absprungs sich nicht zum Pferd, sondern in die Bewegungsrichtung nach vorn wenden.
● Den Schwung des Galoppsprunges ausnutzen und das Gesäß höher als den Kopf bringen!
● Absprung, Zug mit den Armen und Vorneigen des Oberkörpers müssen fast gleichzeitig erfolgen. Dazu ist ein gutes Timing nötig.

Hinweise

● Kleinere Kinder, die nur den inneren Griff erreichen können, müssen mit der rechten Hand an den äußeren Griff umgreifen, sobald sie mit dem rechten Bein auf dem Pferd landen und sich dann an den Gurt ziehen.
● Wenn die Kinder noch so klein sind, daß sie kaum die Griffe erreichen oder das Mitgaloppieren noch nicht können, kann man mit dem Aufsprung im Galopp noch nicht beginnen. Man sollte ihnen aber auch die Möglichkeit geben, sich in den Galopprhythmus einzufühlen. Gewöhnlich hebt ein Helfer die Kinder im Schritt auf das Pferd, und dann läßt der Longenführer es angaloppieren.

Hauptfehler

○ Die Beine werden beim Abspringen nicht geschlossen und der Voltigierer springt nur mit einem Bein ab.
○ Der Absprung ist zu weit hinten oder zu schwach, so daß der Voltigierer zu wenig Schwung bekommt.
○ Der Voltigierer zieht sich nicht mit den Armen an den Gurt, er landet so zu weit hinten oder schief auf dem Pferd.
○ Die Schultern werden zuerst aufs Pferd gezogen, mangelnde Hüftbeugung, und das Gesäß wird nicht hochgenommen.
○ Keine gestreckten Beine, die rechte Ferse schlägt auf das Pferd.

Lernschritte

● **Vorübung mit Hilfestellung** im Halten oder auf dem Übungspferd: Ein Helfer stützt am linken, angewinkelten Unterschenkel, der Voltigierer soll dabei üben, das rechte Bein hoch abzuspreizen, das Gesäß nach oben zu bringen und den Oberkörper abzubeugen.
● Im **Schritt**: Mit dem Pferd mitgehen, mit beiden Beinen abspringen und mit dem rechten Bein hochschwingen. Ein Helfer erfaßt beim Hochschwingen den rechten Fuß des Voltigierers oder stützt ihn an der Hüfte ab. So wird verhindert, daß dieser abrutscht. Er kann sich jetzt selbst in den Sitz hochziehen.

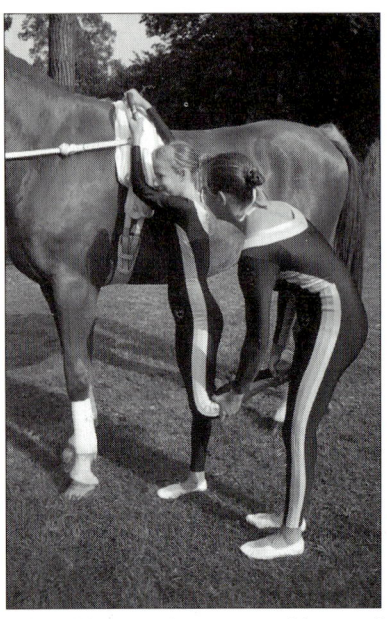

Hilfestellung im Halten: Das Mädchen wird am linken Unterschenkel und in der Hüfte gestützt. Dabei soll das Stützen und Hochschwingen beim Aufsprung geübt werden.

● Im **Galopp:** Wenn das Anlaufen und Mitgaloppieren schon erlernt worden ist (s. den richtigen Bewegungsablauf Seite 44 f.), wird das Abspringen im Galopp geübt. Dazu muß man lernen, den **richtigen Moment in der Galoppphase zu erfühlen:**
Mitgaloppieren, abspringen, wieder im Schrittsprung landen, Griffe loslassen und auslaufen.
● Nun läuft ein Helfer mit: Wieder aus dem Mitgaloppieren abspringen (Mitzählen 1–2–3–Sprung). Der Helfer unterstützt den Voltigierer nach dem Absprung am Gesäß, schiebt ihn hoch und läßt ihn erst los, wenn dieser sicher auf dem Pferd sitzt.
● Als nächstes den Aufsprung ohne Helfer üben. Wenn er es nicht auf Anhieb schafft, wieder auf dem Boden landen und Griffe loslassen, um nicht unter das Pferd zu kommen. Sich nicht mitschleppen lassen! Lieber nochmals wiederholen.
● Den Aufsprung immer wieder wiederholen, bis es gelingt, in der Mitte des Pferdes nahe am Gurt zu landen.
● Zur Übung mehrere Aufsprünge und Abgänge hintereinander üben, erst mit, dann ohne Zwischensprung (Bodensprünge).

Abgang nach innen

Bewegungsablauf

● Im Sitz zuerst das rechte Bein strecken (leicht in der Hüfte ausdrehen) und hochführen. Mit der rechten Hand den äußeren Griff loslassen, dann das rechte Bein gestreckt in einem hohen Bogen über den Pferdehals nach innen-unten führen. Der Winkel zwischen Oberkörper und rechtem Bein soll möglichst eng sein.

● Mit der rechten Hand dann wieder zufassen, mit der linken Hand den inneren Griff kurz lösen, um das Bein vorbeizuführen, und wieder zufassen.

● Der Oberkörper neigt sich beim Hochführen des Beines möglichst wenig nach hinten. Den Kopf hoch in der Bewegung mitnehmen. Das linke Bein bleibt hinter dem Gurt am Pferd liegen. Beide Beine nun gestreckt zusammenführen, dann schließen und die Hüfte strecken.

● Von den Griffen abdrücken und mit nach vorn gewandtem, aufrechtem Oberkörper abgehen.

● Mit geschlossenen Beinen weich landen, den Schwung federnd abfangen und in der Bewegungsrichtung auslaufen.

Abgang nach innen: Hier ist der enge Winkel zwischen dem nahezu aufrechten Oberkörper und dem gestreckten Bein deutlich erkennbar.

Tips

● Bein über den Hals führen, nicht reißen.

● Das linke Bein bleibt so lange am Pferd liegen, bis das rechte Bein nach innen-unten geführt ist.

● Beim Abgehen vom Gurt leicht nach hinten abdrücken, aber nicht ins Hohlkreuz kommen, Hüfte gerade lassen.

Hauptfehler

○ Rechtes Bein ist nicht gestreckt und so flach, daß es am Griff hängenbleibt.

○ Die rechte Hand wird zu spät gelöst, der Voltigierer beginnt, nach innen zu rutschen.

○ Ausweichbewegung des Oberkörpers nach hinten oder Rundrücken.

○ Der Voltigierer drückt sich nicht von den Griffen ab, sondern rutscht aus dem Innensitz ab.

○ Der Oberkörper wird nicht nach vorn, sondern nach innen gedreht (Sturzgefahr!).

○ Die Hüfte ist gebeugt, der Kopf gesenkt, der Körperschwerpunkt ist zu weit vorn, der Voltigierer fällt.

○ Hartes Landen auf dem Boden oder Hinfallen nach dem Abgang.

Lernschritte

● Rechtes Bein bis zum rechten Griff hochführen und wieder zurück.

● Bein über den Pferdehals legen, nur die rechte Hand gleichzeitig vom Gurt lösen, das Bein wieder zurückführen und mit der rechten Hand erneut an den rechten Griff fassen.

● Nun das Bein bis zum Innensitz führen, Hände nacheinander lösen und wieder zufassen. Danach das Bein vom Innensitz wieder zum Sitz nach außen führen.

● Als nächstes den ganzen Abgang mit Herabgleiten vom Pferd üben.

● Erst wenn alle diese Übungen im Halten (oder auf dem Holzpferd) und im Schritt mehrmals geübt worden sind, diese Vorübungen im Galopp üben.

● Klappt der Bewegungsablauf, dann den ganzen Abgang im Galopp üben. Bei kleineren Voltigierern läuft ein Helfer mit und sichert den Voltigierer an der Hüfte, um ein Fallen unter das Pferd zu verhindern.

● Zur Verbesserung von Auf- und Absprung den Bodensprung (siehe unten) öfters am Anfang der Stunde üben.

Zum Wechsel zwischen den Voltigierern beim Aufsprung und Abgang

Abgang und Aufsprung sollen im reibungslosen Wechsel aufeinanderfolgen, ohne daß das Pferd »leer« wird und sich die Voltigierer gegenseitig behindern.

In dem Augenblick, in dem der auf dem Pferd übende Voltigierer zum Abgang ansetzt, sollte der nächste von der Zirkelmitte aus auf das Pferd zulaufen. Sobald der Voltigierer vor ihm das Pferd verlassen hat, erfaßt der andere sofort die Griffe zum Aufsprung.

Bodensprung

Der Bodensprung ist eine Kombination von Abgang und Aufgang und wird in der Pflicht bei Wettkämpfen nur im Einzelvoltigieren verlangt. Die Pflichtübungen Mühle und Schere werden mit einem Bodensprung miteinander verbunden; d. h., nach dem Abgang erfolgt eine **beidbeinige Landung mit direktem Absprung vom Boden zum Aufsprung auf das Pferd.**
Die Merkmale für Bewegungsablauf können oben bei den Grundübungen »Aufsprung« und »Abgang« nachgelesen werden.

Stützschwung und Wende

Das technisch richtige Schwungholen bildet die Grundvoraussetzung für das Gelingen von allen **Beinschwungbewegungen der Pflicht,** wie **Wende, Schere, Flanke** sowie vielen dynamischen Abgängen und Übungsverbindungen in der Kür.

Daher ist es notwendig, hier auf den Stützschwung als Vorübung für alle weiteren Schwungbewegungen näher einzugehen.

Bewegungsablauf

● Durch den Vorschwung der Beine aus dem Sitz entgegengesetzt zur Bewegungsrichtung (Ausholbewegung) wird der Aufwärtsschwung nach hinten über die Kruppe eingeleitet.
● Etwas hinter den Gurt setzen, dann ist der Winkel für die Ausholbewegung günstiger. Die Beine schon im Sitz strecken, die Hüfte beugen und die Beine schnellkräftig nach vorn-aufwärts schwingen, um Schwung zu holen.
● Mit dem Rückschwung der Beine hinter die Senkrechte (wenn die Beine am Gurt vorbeischwingen) den Oberkörper nach vorn neigen, die

Die richtige Schwungtechnik ist entscheidend für die Schwunghöhe.

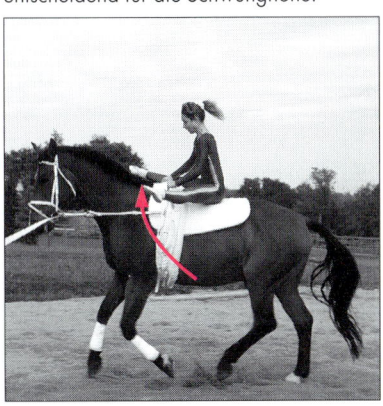

Hüfte strecken, das Gewicht auf die gebeugten Arme verlagern und die Schultern etwas nach vorn schieben.

● Die Höhe des Aufschwungs ist vom schnellkräftigen Beugen und Strecken der Hüfte, vom geschickten Ausnutzen des Galoppsprungs und kräftigen Abdruck mit den Armen abhängig.

● Während des Aufwärtsschwungs der Beine den Kopf zurücknehmen, Arme durchdrücken. Der Schultergürtel kommt dabei senkrecht über den Gurt.

● Beine strecken, bis zur maximalen Höhe (im Idealfall nahe der Senkrechten) in den Handstütz rückhochschwingen und schließen, den ganzen Körper spannen und strecken (kein Hohlkreuz!).

● Für die **Wende nach innen** kurz vor Erreichen des höchsten Punktes

mit den Händen kräftig von den Griffen nach innen-hinten abdrücken und loslassen, so daß eine Flugphase entsteht.

● An der Innenseite des Pferdes etwa auf der Höhe der Hinterhand des Pferdes landen. Elastisch den Schwung mit Hüft-, Knie- und Fußgelenken abfedern und in der Bewegungsrichtung auslaufen.

● **Stützschwung als Vorübung** für andere Schwünge: Beine im höchsten Punkt grätschen und wieder weich in den Sitz zurückgleiten. Mehrmals hintereinander die Übung wiederholen.

Hoch ausgeführte *Wende* mit gestreckten Armen und Schwerpunkt über dem Gurt.

Tips

● Der Voltigierer muß lernen, den Impuls des Galoppsprungs für den Schwung einzusetzen. Dazu muß er den **richtigen Moment** (Timing) für die Ausholbewegung und für die Kraftübertragung auf die Arme und Oberkörper erfühlen. Der Übungsleiter kann durch Mitzählen (Rhythmisieren) den Voltigierer dabei unterstützen.

● Für alle Beinschwungbewegungen ist es notwendig, daß der Voltigierer über gute konditionelle Fähigkeiten verfügt. Ohne die notwendige Stützkraft, Hüftbeweglichkeit, Körperspannung und Beweglichkeit wird es nicht gelingen, an Höhe zu gewinnen und eine Flugphase zu erreichen.

Hauptfehler

○ Ungenügendes Schwungholen, mit ungestreckten Beinen, der Schwung wird am Pferd abgebremst. Schwungholen gegen den Galoppschwung.

○ Mangelnde Körperspannung und -streckung.

○ Arme sind beim Hochschwung zu früh durchgestreckt, der Oberkörper kann nicht nach vorn nachgeben und verhindert, daß die Beine nicht nach hinten geschwungen werden können.

○ Extremes Zurückrutschen während des Schwungholens.

○ Die Schultern werden zu weit nach vorn geschoben, es ist kein Abdruck vom Gurt mehr möglich. Der Voltigierer rutscht nur über den Pferderücken.

Lernschritte

● Auf dem Übungspferd oder im Halten den Stützschwung mit Hilfestellung üben, um ein Bewegungsgefühl für die Schwungbewegung zu bekommen. Ein Helfer sitzt oder steht auf dem Holzpferd, der andere schwingt hoch, der Helfer erfaßt die Hüften und zieht oder drückt den Voltigierer hoch zum Handstütz. Körperspannung halten!

● Im Schritt mehrmals den Stützschwung hintereinander üben.

● Stützschwung im Galopp, Hochschwingen, Beine grätschen, weich auf dem Pferd landen. Nochmals hochschwingen, Wende nach innen.

● Mit zunehmender Übung wird es dem Voltigierer gelingen, die Schwunghöhe immer mehr zu steigern.

Die korrekte Grundhaltung im Sitz

Eine korrekte Haltung ist von grundlegender Bedeutung für alle Voltigierübungen. Der Sitz bildet die **Ausgangsposition für jede Pflichtübung und die meisten Kürübungen.** Voraussetzung ist, daß der Voltigierer losgelassen, **im Gleichgewicht auf dem Pferd** sitzen kann.

Bewegungsablauf

● Der Voltigierer sitzt, beide Hände noch an den Griffen, an dem tiefsten Punkt des Pferderückens direkt hinter dem Gurt. Mit aufgerichtetem Oberkörper, zurückgenommenen Schultern und erhobenem Kopf geht er geschmeidig in die Galoppbewegung ein.

● Das Körpergewicht ist in jeder Bewegunsphase des Pferdes auf **beide Gesäßknochen** verteilt, wobei der innere Gesäßknochen etwas mehr belastet ist, um sich der Innenlage des Pferdes anzupassen. Durch das Mitschwingen der Hüftpartie mit der Galoppbewegung wird der Schwung des Pferdes elastisch abgefangen.

Im Sitz sollen Oberkörper und Beine eine senkrechte Linie bilden.

- Die Schultern sollen schwer, aber gleichzeitig locker nach hinten-unten ziehen. Die Bauchmuskulatur ist leicht angespannt und der Brustkorb ist nach vorn gewölbt.
- Die Beine liegen am Pferd mit tiefen Knien, angelegten Unterschenkeln und nach unten gestreckten Fußspitzen. Die Beine sollen das Pferd umfassen. Die Knie sind leicht angewinkelt, so daß der Unterschenkel flach am Pferdeleib liegt. Vom Knie, Unterschenkel bis zur Fußspitze soll sich eine Gerade bilden.
- Ideal ist es, wenn – von der Seite gesehen – Kopf, Schultern, Hüfte und Ferse eine senkrechte Linie bilden.

Tips
- Um überhaupt mit Voltigier-übungen beginnen zu können, muß man gelernt haben, im Sitz das Gleichgewicht auf dem Pferd zu halten. Dazu müssen die **Schwerpunkte von Voltigierer und Pferd miteinander in Einklang** gebracht werden. Stimmen die Schwerpunkte nicht überein, wird der Voltigierer nur schwer das Gleichgewicht auf dem Pferd halten können; gleichzeitig hat auch das Pferd Mühe, sich auszubalancieren. Es verkrampft sich, geht unregel-mäßiger und läßt damit den Voltigierer unbequemer sitzen: Er gerät ins Rutschen oder wird durchgeschüttelt.
- Erst wenn die Losgelassenheit im Schritt erreicht ist, wenn sich der Anfänger nicht mehr mit den Beinen anklammern muß, die Gesäßmuskulatur entspannt ist, sollte man mit dem Sitz im Galopp beginnen.
- Der Voltigierer sitzt losgelas-sen im Gleichgewicht, wenn er die Beine nicht mehr zum Fest-halten braucht und die Hände von den Griffen lösen kann. Nun kann man zu **Sitzübungen zur Festigung des Sitzes** übergehen und mit der ersten Pflichtübung, dem Grundsitz, beginnen. Weitere Hinweise sind beim **Grundsitz** auf S. 56 aufgeführt.

Hauptfehler

○ **Spaltsitz:** Vorlage des Oberkörpers meist verbunden mit einem Hohlkreuz, der Voltigierer sitzt auf den Oberschenkeln statt auf dem Gesäß.

○ **Stuhlsitz:** Der Oberkörper ist hinter der Senkrechten, die Knie sind hochgezogen und zu weit vorn.

○ Schiefer Sitz mit Einknicken in der Hüfte.

○ Rundrücken, Hohlkreuz.

○ Klammersitz: Offene Knie, nach außen gedrehte Unterschenkel, Fersen klammern sich ans Pferd.

○ Hochgezogene Fußspitzen und Unterschenkel oder weggestreckte Beine.

○ Schiefe Kopfhaltung oder Hängenlassen des Kopfes, hochgezogener oder verkrampfter Schultergürtel.

Die richtige Armhaltung

Bei den Pflichtübungen **Grundsitz und Stehen** sowie für die Grundhaltung bei vielen statischen Kürübungen werden die Arme in **Seithalte** genommen.

Bewegungsablauf

● Wenn die Balance gefunden ist, werden die Griffe losgelassen und beide Arme direkt gestreckt in Seithalte geführt – etwas über die Waagrechte. Von vorn gesehen, sollen die unverkrampft ausgestreckten Arme von den Schultern bis zu den Fingerspitzen eine gerade Linie bilden.

● Die Schultern sind tief und entspannt, Hand- und Ellbogengelenk sind gestreckt.

● Die Finger sind geschlossen und der Daumen liegt gestreckt an der Hand an. Die Handflächen zeigen nach unten.

● Die Arme haben die optimale Höhe, wenn sich die Hände in Augenhöhe befinden. Die maximale Höhe entspricht etwa der Scheitelhöhe.

● Von der Seite her gesehen sollen sich die Arme und Hände genau in Verlängerung der Schulterachse befinden.

● Die Arme werden direkt gestreckt an die Griffe geführt.

Hauptfehler

○ Armhaltung entweder zu weit über oder unter der waagrechten Ideallinie.

○ Die Arme sind von der Seite gesehen vor oder hinter der senkrechten Linie.

○ Hochgezogener und verkrampfter Schultergürtel, verkrampfte überstreckte Arme.

○ Angewinkelte Ellbogen- und Handgelenke.

○ Die Finger sind nicht geschlossen.

○ Die Arme werden nicht gestreckt an den Gurt zurückgeführt.

Die sechs Pflichtübungen

Erste Pflichtübung: Grundsitz

Bewegungsablauf

Die auf Seite 53 beschriebene **korrekte Grundhaltung im Sitz** gilt auch für den Grundsitz, zusätzlich werden jetzt die Arme in Seithalte genommen. Alle dort aufgeführten Hinweise, Fehler und Lernschritte finden hier Anwendung.

● Sofort nach dem Aufsprung in den Sitz aufrichten, die korrekte Haltung einnehmen und gleich die Arme zur Seite führen. Die **richtige Armhaltung** entspricht der Beschreibung auf Seite 55.

● Mit dem Zählen der Galoppsprünge erst beginnen, wenn die Arme ganz ausgestreckt sind!

● In aufrechter, ruhiger Haltung mindestens vier Galoppsprünge sitzen bleiben.

● Nachdem die Arme im Sitz wie-

Wettkampf

□ 1 Punkt Abzug für jeden fehlenden Galoppsprung, wenn der Voltigierer weniger als 4 Galoppsprünge sitzt.

□ 2 Punkte Abzug für Wiederberühren der Griffe.

---

der an den Griffen sind, folgt als nächstes direkt die »Fahne«.

Lernschritte

Um die anfängliche Angst und Verspannung zu überwinden, sollten immer wieder Sitzübungen im Schritt und Galopp gemacht werden. Dabei ist auf folgendes zu achten:

● Erlernen der Geschmeidigkeit des Sitzes, des Einfühlungsvermögens, des Gleichgewichtsgefühls und des richtigen Eingehens in die Bewegung des Pferdes.

● Zunächst wird der **Sitz im Schritt** geübt. Wenn die Balance soweit gefunden ist, daß die Griffe losgelassen werden können, kann man z. B. mit den folgenden **Sitz- und Lockerungsübungen** beginnen:

– Kopf nach vorn und zur Seite neigen;

– Arm- und Schulterkreisen nach vorn und nach hinten und gegengleich;

– mit gebeugten Armen im Schultergürtel zurückfedern;

– Arme nach oben strecken oder nach vorn, auf- und abschwingen;

– Arme in die Taille stützen und Rumpfdrehen nach links und rechts;

– sich auf den Rücken des Pferdes locker zurücklegen und nach vorn über den Gurt legen.

● **Im Galopp:** Erst im Sitz eine Hand lösen und seitlich hängen lassen, wieder zufassen. Jetzt abwechselnd links und rechts loslassen.

Ein geschmeidiger, tiefer Sitz mit guter Aufrichtung und korrekter Armhaltung.

Anschließend beide Hände gleichzeitig kurz lösen und wieder an die Griffe fassen. Im Gleichgewicht auf einer Stelle sitzen bleiben!

● Wenn sich der Voltigierer schon an die Galoppbewegung gewöhnt hat und länger mit angefaßten Griffen sitzen kann, ohne zu rutschen, und die Hände schon für mehrere Galoppsprünge von den Griffen lösen kann, können die nebenstehend aufgeführten Sitzübungen dann auch **im Galopp** ausgeführt werden.

● Nun abwechselnd mit dem linken oder rechten ausgestreckten Arm mehrere Galoppsprünge sitzen bleiben.

● Griffe loslassen, beide Arme in Seithalte führen und für einige Galoppsprünge frei sitzen bleiben.

● Allmählich beim **freien Sitz** die Anzahl der Galoppsprünge verlängern, bis der Voltigierer eine Runde sicher im Grundsitz bleiben kann.

● Den Grundsitz mit der richtigen Armhaltung vor einem Spiegel und dann auf dem Pferd üben.

Zweite Pflichtübung: Fahne

Bewegungsablauf

● Aus dem Sitz beidbeinig mit flachen Fußrücken weich aufknien (Bankstellung). Beide Unterschenkel sollen diagonal nebeneinander über der Wirbelsäule des Pferdes liegen: Die Knie zeigen nach innen, die Fußsohlen nach außen.

● Körpergewicht auf den rechten Arm und auf den linken Unterschenkel verlagern, der **flach** vom Knie bis zum Fußrist schräg auf dem Pferderücken liegt. Das Knie etwas nach vorn schieben, damit die Bewegung des Pferdes im Knie- und im Hüftgelenk abgefangen werden kann.

● Die Schultern befinden sich über dem Voltigiergurt, beide Schultern sind auf gleicher Höhe. Der rechte Stützarm ist leicht angewinkelt, der Kopf zurückgenommen, und der Blick nach vorn gerichtet.

● Nun das rechte Bein aus dem Knie zur Streckung nach hinten führen und den linken Arm nach vorn ausstrecken. Die Beckenpartie bleibt flach (kein ausgedrehtes rechtes Hüftgelenk). Für eine optimale Ausführung müssen Arm und Bein gleichzeitig ausgestreckt werden.

● Die Fußsohle des rechten Beines soll nach oben und die linke Hand mit geschlossenen Fingern mit der Handfläche nach unten zeigen.

● Die Längsachse des Voltigierers soll der Längsachse des Pferdes entsprechen. Die linke Hand und das rechte Bein befinden sich auf unge-

Um solch eine gleichmäßig gebogene Linie bei der *Fahne* zu erreichen, ist eine gute Schulter- und Hüftbeweglichkeit nötig.

fähr gleicher Höhe über der Waagrechten. Der Körper zeigt eine leichte Bogenspannung: Die Oberlinie des Voltigierers soll von der Hand bis zur Fußspitze einen **gleichmäßigen, ungebrochenen, federnden Bogen beschreiben.**

● Die »Fahne« muß 4 Galoppsprünge sicher ausgehalten werden. Erst wenn Arm und Bein vollkommen ausgestreckt sind, werden die Galoppsprünge gezählt. Dann mit der linken Hand wieder an den Griff fassen, Gewicht auf die Arme verlagern und das rechte Bein gestreckt nach vorn-unten führen. Wieder weich in den Sitz gleiten.

● Bei C-Gruppen folgt unmittelbar darauf der Abgang nach innen. Könner schwingen dazu das ausgestreckte rechte Bein über den flüchtigen Sitz direkt zum Abgang nach innen. Für A- und B-Gruppen wird die nächste Pflichtübung, die Mühle, angeschlossen.

Wettkampf

□ 1 Punkt Abzug, wenn der Voltigierer vor der Fahne nicht mit beiden Beinen kniet – bei Berühren des Pferdehalses mit der Hand.

□ 1 Punkt Abzug für jeden fehlenden Galoppsprung, wenn man die Übung weniger als 4 Galoppsprünge aushält.

□ 2 Punkte Abzug für Wiederberühren der Griffe.

Tips

● Die Oberlinie der Fahne hängt von der **richtigen Position des linken Stützbeines** ab: Je weiter vorne das Bein liegt, desto höher wird die Schulterpartie und desto niedriger das Becken sein. Je weiter hinten das rechte Stützbein, desto höher sind das Becken und das rechte Bein.

● Je nach Körperbau des Voltigierers ist die ideale Position des Stützbeins, wenn das Knie etwa eine Handbreit hinter dem Gurt liegt und das Becken etwas hinter die Senkrechte geschoben wird. Der Körperschwerpunkt wird so über den Unterschenkel gebracht, daß dieser mit der ganzen Fläche aufliegt.

● Das **gleichzeitige Ausstrecken von Arm und Bein** ist etwas für Könner. Diese Form wird natürlich höher bewertet, ist aber keine Regel für Wettkämpfe. Hat der Voltigierer noch Balanceschwierigkeiten, sollte er erst dann den linken Arm ausstrecken, wenn die Übung sicher ausbalanciert ist.

Hauptfehler

○ Einbeiniges Knien beim Aufbau der Fahne.

○ Falsche Lage des linken Stützbeins, dadurch fällt der Voltigierer nach vorn über oder kippt nach hinten.

○ Das Körpergewicht liegt nur auf dem Knie, die linke Fußspitze ist hochgezogen.

○ Der Voltigierer knickt mit dem Ellbogen ein und stützt sich mit der Hand auf den Pferdehals.

○ Verkrampfung und Steifheit im Schultergürtel, vorgeschobene Schultern, ausgedrehte rechte Hüfte. Knick in der Taille.

○ Arm und Bein sind verschieden hoch und nicht gestreckt, es entsteht kein Bogen.

○ Die Fahne ist verdreht oder schief, Arm und Bein zeigen nach innen bzw. außen.

○ Starkes Mitschwingen mit dem Arm und Bein, wegen mangelnder Körperspannung.

○ Der Voltigierer fällt beim Abbau dem Pferd in den Rücken.

Lernschritte

● Im Halten und Schritt das Hinknien und die Bank üben, Gewicht auf die Arme verlagern. Übung steigern, indem das rechte Bein nach unten weggestreckt wird. Nun dasselbe im Galopp.

● Als nächstes die Fahne mit dem nach hinten ausgestreckten Bein erst im Schritt, dann im Galopp üben (der linke Arm wird noch nicht ausgestreckt). Schwung abfangen und weich in den Sitz zurück. Die Anzahl der Galoppsprünge allmählich steigern.

● Kann der Voltigierer die Fahne wie oben über einige Zeit im Schritt und Galopp durchhalten, wird jetzt der linke Griff kurz losgelassen.

● Ist die Balance gefunden, erst das Bein und dann den Arm ausstrecken. Dies ständig üben und die Anzahl der Galoppsprünge steigern.

● Die Haltung immer wieder korrigieren, bis die richtige Form der Fahne auf Anhieb direkt aus dem Knien ohne Nachkorrekturen entwickelt werden kann.

● Nach und nach sollte das gleichzeitige Hochführen von Arm und Bein geübt werden.

Dritte Pflichtübung: Mühle

Bewegungsablauf

Bei dieser Übung führt der Voltigierer im Sitz auf dem Pferderücken eine ganze Drehung in vier Phasen aus, die im **Vierertakt** aufeinanderfolgen. Bei jeder Phase erfolgt eine Vierteldrehung gegen den Uhrzeigersinn.

1. Phase

● Aus dem Sitz das rechte Bein gestreckt nach innen über den Pferdehals führen zum **Innensitz**; das linke Bein bleibt dabei am Pferd liegen. Griffe nacheinander kurz loslassen, während das Bein über den Gurt geführt wird. Beide Hände fas-

1. Phase: *Mühle* zum Innensitz.
3. Phase: *Mühle* zum Außensitz.

2. Phase: *Mühle* zum Rückwärtssitz.
4. Phase: *Mühle* zum Vorwärtssitz.

sen wieder zu. Im Innensitz liegen die Beine geschlossen am Pferd an, der Oberkörper ist aufrecht, der Voltigierer sitzt auf dem ganzen Gesäß.

2. Phase

● Das rechte Bein bleibt am Pferd. Das linke Bein nun gestreckt über die Kruppe führen zum **Rückwärts-sitz.** Mit der rechten Hand an den inneren Griff und der linken Hand an den äußeren Griff umgreifen. Im Rückwärtssitz liegen die Beine mit tiefen Knien wieder am Pferd, der Oberkörper ist aufgerichtet, der Kopf hochgenommen.

3. Phase

● Das linke Bein bleibt am Pferd liegen. Rechtes Bein strecken und hoch über die Kruppe des Pferdes weit nach außen führen zum **Außensitz;** hierbei den Schwerpunkt etwas nach innen verlagern, um der Fliehkraft entgegenzuwirken. Mit der linken Hand wieder an den inneren Griff und der rechten Hand an den äußeren Griff wechseln. Im Außensitz die Beine schließen und an das Pferd anlegen.

4. Phase

● Die Schultern jetzt schräg nach vorn drehen, Blickrichtung wieder nach vorne. Das rechte Bein bleibt am Pferd, linkes Bein nun gestreckt über den Pferdehals führen zum **Vorwärtssitz.** Dabei zuerst die rechte und dann die linke Hand kurz von den Griffen lösen, um das Bein vorbeizulassen.

Im Innen- und Außensitz liegen die Beine geschlossen am Pferd.

Bei A- und B-Gruppen sowie beim Einzelvoltigieren wird der Abgang nach innen im Takt angeschlossen. Bei C-Gruppen folgt die Schere.

● Das hochgeführte Bein soll bei jeder Phase einen hohen, weiten und **gleichmäßigen Halbkreisbogen** beschreiben. Die Beine werden im Sitz zuerst **in der Hüfte ausgedreht und so hoch und weit wie möglich geführt,** dabei bis in die Fußspitzen gestreckt. Der höchste Punkt soll über der Wirbelsäule des Pferdes erreicht werden. Je enger der Winkel zwischen Bein und Oberkörper, desto besser!

● Die Beinführung und die Drehungen sollen flüssig **ohne Verzögerungen** erfolgen. Oberkörper und Kopf drehen in der Bewegung mit. Der Kopf ist immer hochgenommen, und der Blick orientiert sich an den Fußspitzen. In den Sitzpositionen sollen die Beine immer nahe am Gurt am Pferd anliegen.

● Nach jeder Vierteldrehung die korrekte Aufrichtung des Oberkörpers wieder aufnehmen! Während der Drehungen **auf einem Punkt sitzen bleiben** und mit dem Gesäß den Kontakt zum Pferderücken behalten.

● <u>Die Takte der Mühle</u>
Alle Phasen der Mühle folgen in einem **gleichmäßigen Vierertakt** aufeinander. Ein Galoppsprung entspricht einem Takt, das heißt man hat für jede Phase 4 Galoppsprünge Zeit. Jedesmal, wenn ein Bein abhebt, beginnt wieder eine neue Phase; dann muß mit dem Zählen der Takte begonnen werden. Erfolgt nach der 4. Phase der Abgang, so muß dieser auch im Takt angeschlossen werden. Also erst nach dem letzten Takt der letzten (4.) Phase das rechte Bein zum Abgang über den Pferdehals führen und nicht im Vorwärtssitz noch zusätzlich 4 Galoppsprünge sitzen bleiben.

Wettkampf
□ Für Taktfehler gibt es 1 Punkt Abzug pro Phase.

Tips
● Bei der Drehung im Außensitz rutscht man leicht nach außen ab (Fliehkraft!). Man kann zuerst mit der linken Hand an den inneren Griff und dann erst mit der rechten Hand an den äußeren Griff umgreifen. So sichert immer eine Hand am inneren Griff.

● Der Ablauf der Mühle muß sicher gekonnt werden, bevor man sich auf das Zählen der Takte konzentriert.

● Fortgeschrittene Voltigierer zeigen lange Beinführung und kurze Sitzphasen: z. B. drei Takte zum Überschlagen des Beines und einen Takt zum Sitzen.

Hauptfehler

○ Ungleicher Rhythmus, Taktfehler.
○ Mangelnde Beinstreckung und -spannung.
○ Flache Beinführung, unterschiedliche Höhe und Weite in der Beinführung.
○ Die Beine werden nicht geführt, sondern geschwungen, hochgerissen oder verzögert über das Pferd geführt.
○ Hochgezogene Knie oder weggestreckte Beine in den Sitzphasen.
○ Vorlage oder zu starke Rücklage des Oberkörpers; Rundrücken oder Hohlkreuz, hochgezogene Schultern; Hängenlassen des Kopfs.

○ Hin- und Herrutschen mit dem Gesäß; Abheben mit dem Gesäß während der Beinführung.
○ Kopf und Oberkörper drehen nicht flüssig in der Bewegung mit.

Lernschritte

● Zunächst wird die Mühle am Übungspferd und im Halten geübt, damit der Voltigierer den Bewegungsablauf mit dem richtigen Umgreifen erproben kann.
Alle folgenden Übungen **im Schritt, danach im Galopp ausführen:**
● Rechtes Bein über den Pferdehals führen zum Innensitz und wieder zurück zum Sitz, wiederholen, dann Abgang nach innen.
● Aus dem Sitz linkes Bein direkt zum Außensitz führen und wieder zurück zum Sitz.
● Beide Übungen verbinden: Linkes und rechtes Bein im Wechsel über den Pferdehals führen.
● Mühle bis zum Rückwärtssitz und zurück zum Sitz. Danach dasselbe und im Rückwärtssitz das rechte Bein mehrmals über die Kruppe nach außen führen und wieder zurück (ohne Umgreifen).
● Als nächstes Übung wie oben, aber mit Umgreifen, anschließend aus dem Außensitz linkes Bein über den Pferdehals nach innen führen zum Sitz vorwärts (ganze Mühle).
● Nach und nach die Beinführung verbessern, mit zunehmender Sicherheit auf den richtigen Vierertakt-Rhythmus achten.

Vierte Pflichtübung: Schere

Bewegungsablauf

Die Schere ist eine Beinschwungübung aus zwei Teilen, bei denen die Beine hoch über dem Pferderücken gekreuzt werden sollen. Bei der **Vorwärtsschere erfolgt eine halbe Drehung nach außen, bei der Rückwärtsschere eine halbe Drehung nach innen.** Die Drehungen sollen jedesmal vor dem Einsitzen abgeschlossen sein. Die Vor- und die Rückwärtsschere werden **flüssig miteinander verbunden.**

1. Teil: Vorwärtsschere

● Aus dem Sitz beide Beine gestreckt nach vorn schwingen und Schwung holen für einen schnellkräftigen **Rück-Hochschwung** über dem Pferderücken.
● Beim Rückschwingen der Beine das Gewicht auf die Arme verlagern, der Oberkörper gibt nach vorne nach, die Arme beugen, die Schultern etwas nach vorn schieben und die Hüfte strecken.
● Im Aufschwung mit einer Außendrehung der linken Hüfte die halbe Drehung des Körpers einleiten. Vor Erreichen des höchsten Punkts (Umkehrpunkt) das linke Bein über das rechte kreuzen.
● Während des Hochschwingens werden die Arme durchgedrückt, der Schultergürtel steht jetzt senk-

Eine hohe und weit gegrätschte *Vorwärtsschere*. Mit mehr Körperspannung kann ein Hohlkreuz vermieden werden.

Deutliche Bogenspannung beim Schwungholen für die *Rückwärtsschere*.

Eine gut gelungene *Rückwärtsschere:* Das Gesäß ist weit nach oben geschoben und die Arme sind durchgedrückt.

recht über dem Voltigiergurt und der Kopf ist zurückgenommen.

● Im Abwärtsschwung die Beine weit scheren und die Außendrehung des Körpers vollenden, den Kopf in der Drehung mitnehmen.

● Geschmeidig in der Mitte des Pferdes in den Rückwärtssitz gleiten, den Schwung durch das Entlanggleiten der Beine beim Einsitzen abfangen und die Beine jetzt wieder anlegen. Die Hände fassen um: rechte Hand an den inneren und linke Hand an den äußeren Griff.

2. Teil: Rückwärtsschere

● Aus dem aufrechten Rückwärtssitz die Beine zurückschwingen, dabei die Hüfte vorschieben, um eine **Bogenspannung** zu erreichen. Durch den Rückschwung der Beine entgegen die Bewegungsrichtung wird der notwendige Impuls für den Aufwärtsschwung über die Kruppe des Pferdes erzeugt.

● Die Beine nun in Richtung Kruppe gestreckt hochschwingen, Gewicht auf die Arme verlagern und Hüfte beugen. Auf die gestreckten Arme stützen, mit dem Gesäß möglichst hoch über den Pferderücken abheben und das Becken dabei weit nach oben-hinten schieben. Der Winkel zwischen dem Oberkörper und den Armen soll möglichst groß sein.

● Im Aufwärtsschwung die linke Hüfte nach innen drehen und das linke Bein über das rechte vor Erreichen des Umkehrpunktes kreuzen. Die Beine dabei möglichst hoch und weit scheren. Die halbe Drehung nach innen im Abwärtsschwung vollenden (Kopf mitnehmen) und wieder weich in den Sitz in der Mitte des Pferdes gleiten. Mit den Beinen beim Einsitzen am Pferd entlanggleiten, um den Schwung abzufangen. Die Hände fassen wieder um.

● Bei den C-Gruppen folgt unmittelbar die Wende nach innen. Für A- und B-Gruppen sowie Einzelvoltigierer wird als nächste Pflichtübung das »Stehen« angeschlossen.

Wettkampf

□ Wertnote 0 bei einer falschen Drehrichtung der Schere.

Tips

● Für das Schwungholen etwas zurücksetzen, dann ist der Winkel für die Ausholbewegung günstiger.

● Für das Erlernen der Feinform der Schere muß der Voltigierer schon über genügend Stützkraft, Hüftbeweglichkeit, Spreizfähigkeit, Körperspannung und Bewegungsgefühl verfügen und die richtige Schwungtechnik beherrschen.

● Für eine weiche Landung wird der Schwung beim Eingleiten in den Sitz mit den Armen, Beinen und Oberschenkeln abgefangen.

Hauptfehler

○ Falsche Technik beim Schwungholen, der Voltigierer fällt ins Hohlkreuz, kommt mit dem Gesäß nicht vom Pferd oder die Schere wird zu flach.

○ Extremes Zurückrutschen während des Schwungholens.

○ Mangelnde Beinstreckung und Körperspannung, Hohlkreuz.

○ Einbrechen mit den Armen, kein Abdruck von den Griffen mehr möglich, der Voltigierer liegt mit dem Oberkörper auf dem Voltigiergurt.

○ Die Drehungen werden zu spät eingeleitet und nicht vollendet, der Voltigierer landet schief.

○ Zu harte Landung auf dem Pferderücken in beiden Phasen.

○ Unterbrechung des Bewegungsflusses am höchsten Punkt.

○ Lange Sitzphasen zwischen beiden Teilen der Übung, die Rückwärtsschere wird nicht direkt angeschlossen.

○ **Rückwärtsschere:** Ungenügende Hüftbeugung, die Beine schwingen nicht hoch.

○ Voltigierer kommt nicht mit dem Gesäß vom Pferd weg und greift mit den Händen beim Einsitzen zu spät um.

Lernschritte

● Für die richtige Schwungtechnik beachten Sie die Vorübungen für den Stützschwung und die Wende auf Seite 51.

● Um die Drehung und den Bewegungsablauf der Schere zu schulen, die Übung auf dem Holzpferd, im Halten und im Schritt im Liegen ausprobieren. Wenn der Voltigierer weiß, wie er die Hüfte richtig drehen muß, die Übung mit zunehmend mehr Schwung ausführen.

● **Stützschwung im Schritt** und Galopp mehrmals wiederholen: hochschwingen, abdrücken, Beine schließen, dann grätschen und wieder im Sitz landen.

● **Vorwärtsschere im Galopp,** dann aus dem Rückwärtssitz mit einer halben Mühle zurück zum Vorwärtssitz.

● **Halbe Mühle aus dem Sitz** zum Rückwärtssitz, Stützschwung rückwärts: Aus dem Rückwärtssitz über die Bogenspannung Schwung holen, Beine hochschwingen und mit dem Gesäß abheben, wieder im Rückwärtssitz landen, mehrmals wiederholen.

● **Halbe Mühle aus dem Vorwärtssitz zum Rückwärtssitz,** das rechte Bein auf der Kruppe aufsetzen und die Beine kreuzen zur Rückwärtsschere; im Schritt, dann im Galopp.

● Nun können beide Teile der Schere miteinander geübt werden; die Schwunghöhe nach und nach steigern und Vor- und Rückwärtsschere immer flüssiger miteinander verbinden.

Fünfte Pflichtübung: Stehen

Bewegungsablauf

● Aus dem Sitz in der Sattellage des Pferderückens weich aufknien, Knie, Unterschenkel und Fußrist sollen flach aufliegen.

● Beidbeinig in den Hockstand gehen; beide Füße werden mit der ganzen Sohle hinter dem Gurt aufgesetzt. Die Füße zeigen parallel nach vorne.

● Das Gewicht auf die **ganzen Fußsohlen** verlagern, dabei den inneren Fuß etwas mehr belasten, um der Fliehkraft entgegenzuwir-

Aufrechtes, federndes *Stehen*. Hier könnten die Beine des Voltigierers noch etwas enger beieinanderstehen.

Mit gestreckten Beinen in den Sitz gleiten.

● Nun die Arme wieder nach vorn an die Griffe führen, Gewicht auf die Arme verlagern, mit den Füßen leicht vom Pferderücken abdrücken und mit gestreckten Beinen am Pferd entlang geschmeidig in den Sitz gleiten. Unmittelbar darauf folgt die nächste Pflichtübung, die Flanke.

ken. Der Übergang vom Sitz zum Hockstand und dann zum Stehen soll weich und fließend sein.

● Beide Beine sollen eng beieinanderstehen.

● Wenn der Voltigierer sein Gleichgewicht gefunden hat, die Griffe loslassen und sich bis zum aufrechten Stand aufrichten. Arme in Seithalte nehmen; die richtige Armhaltung ist auf Seite 55 genau beschrieben.

● Mit erhobenem Kopf, Blick geradeaus, mit **leicht vorgeschobener Hüfte und etwas gebeugten Knie- und Fußgelenken mindestens 4 Galoppsprünge aufrecht stehen bleiben,** dabei soll der Voltigierer mit der ganzen Fußsohle den Kontakt zum Pferd behalten. Erst wenn die Übung voll entfaltet ist und die Arme in Seithalte genommen sind, werden die Galoppsprünge gezählt!

● Die Galoppbewegung des Pferdes wird durch die Hüft-, Knie- und Fußgelenke federnd abgefangen. Die Knie zeigen nach vorne.

Wettkampf

☐ 1 Punkt Abzug,
   – wenn der Voltigierer nicht mit beiden Beinen vor dem Stehen kniet;
   – wenn der Voltigierer sich mit der Hand am Pferdehals abstützt;
   – für jeden fehlenden Galoppsprung, den der Voltigierer weniger als 4 Galoppsprünge frei steht.

☐ 2 Punkte Abzug für das Wiederberühren der Griffe.

Tips

● Je weniger Zeit der Voltigierer vom Sitz bis zur vollständigen Aufrichtung mit gleichzeitigem Ausstrecken der Arme braucht, desto besser.

● Eine ungezwungene, lockere Haltung auf der ganzen Fußsohle ist für ein sicheres Stehen unbedingt notwendig.

● Beim Einsitzen mit den Beinen am Pferd entlanggleiten, um das Körpergewicht abzufangen.

Hauptfehler

○ Der Voltigierer richtet sich nicht vollständig auf, er reißt das Gesäß hoch und verharrt in einer nach vorn gebeugten Haltung.

○ Zu hastiges Aufrichten, Voltigierer verliert das Gleichgewicht und fällt dem Pferd in den Rücken.

○ Verzögerter Aufbau der Übung.

○ Steife Kniegelenke, ungenügendes Mitfedern mit den Knien.

○ Der Voltigierer steht nicht auf den ganzen Fußsohlen. Das Gewicht liegt auf den Fußspitzen: Man fällt nach vorn über. Das Gewicht liegt auf den Fersen: Der Voltigierer fällt oder hüpft nach hinten.

○ Der Voltigierer steht mit versetzten Füßen oder zu breitbeinig.

○ Mangelnde Aufrichtung, verkrampfter Schultergürtel; fehlerhafte Armhaltung; Hängenlassen des Kopfes.

○ Schiefes Stehen, unruhige Oberkörperhaltung, Hohlkreuz oder Rundrücken.

○ Keine Beinstreckung beim Eingleiten zum Sitz, der Voltigierer fällt dem Pferd in den Rücken.

Lernschritte

Mit dem Stehen soll nicht allzu früh begonnen werden, da diese Übung von den Voltigierern Mut und Sicherheit verlangt. Wenn Gleichgewicht und Bewegungsgefühl noch nicht genügend ausgeprägt sind, besteht die Gefahr, daß der Voltigierer dem Pferd in den Rücken fällt oder stürzt und sich eventuell verletzt. Beim nächsten Versuch bekommt er Angst und verkrampft sich.

● Das freie Stehen im Galopp wird erlernt, wenn der Voltigierer sicher frei im Galopp sitzen, aus dem Sitz hinknien und im Hockstand federnd auf die Bewegung des Pferdes eingehen kann. Die folgenden Übungen **zuerst im Schritt, danach im Galopp ausführen:**

● **Mit Hilfestellung:** Ein Voltigierer sitzt **vorwärts** vor dem Gurt. Der hintere Voltigierer hält sich an seinen Schultern fest und richtet sich über das Knie zum Hockstand auf. Oder: Der Vordermann sitzt **rückwärts** vor dem Gurt und kann mit den Händen dem Übenden Hilfestellung geben.

● Dieselbe Übung: Nun richtet sich der hintere Voltigierer in den Hockstand auf – als nächstes Aufstehen zum Stand hinter den Vordermann mit Festhalten an den Schultern, dann erst eine Hand, später beide Hände loslassen.

● Nun das Aufrichten allein üben: Sitzen – Knien – Hockstand mit Festhalten an den Griffen, wieder in den Sitz gleiten.

● Im **Schritt mit Hilfestellung:** Ein Helfer geht neben dem Pferd her, faßt den Voltigierer an der linken Hand und hilft ihm, sich zum Hockstand aufzurichten. Jetzt die linke Hand loslassen, der Voltigierer läßt die Arme hängen und versucht, frei

zu stehen. Der Helfer hilft anschließend dem Übenden, wieder in den
Sitz zu kommen.

● Aufrichten zum Stand im Galopp
hinter einem Vordermann mit Festhalten üben. Mit zunehmender
Sicherheit für einige Galoppsprünge erst eine Hand, dann kurz
beide Hände loslassen.

● Als nächstes hinter dem Vordermann für einige Galoppsprünge frei
stehen bleiben, elastisch mitfedern.

● Hat man mit den Vorübungen
das notwendige Gleichgewichts-
und Bewegungsgefühl erreicht,
kann nun **das freie Stehen** ohne
Hilfe geübt werden. Hier muß unbedingt darauf geachtet werden, daß
der Voltigierer keinesfalls nach hinten fällt (Verletzungsgefahr), wenn
er das Gleichgewicht verliert, sondern wieder nach vorn an die
Griffe faßt. Es ist empfehlenswert,
anfänglich mit nach vorn gestreckten Armen und dann mit hängenden
Armen zu stehen – erst wenn es
gelingt, den Oberkörper ganz aufzurichten, dann die **Arme in Seithalte** zu führen.

● Zur Festigung des Stehens allmählich die Anzahl der Galoppsprünge steigern, bis der Voltigierer
eine ganze Runde sicher stehen
kann.

● Wir üben »Wettstehen«: Wer
schafft die meisten Galoppsprünge
im freien Stehen?

● Die korrekte Körperhaltung und
Seithalte der Arme vor einem
Spiegel kontrollieren.

Sechste Pflichtübung: Flanke

Bewegungsablauf

Die Flanke ist eine Beinschwungübung aus zwei Teilen: **Wende vom
Sitz zum Innensitz und aus dem
Innensitz Wende über das Pferd
nach außen.** Beide Teile flüssig miteinander verbinden. Den Stützschwung als Vorübung mit dem richtigen Schwungholen finden Sie auf
Seite 51.

1. Teil: Wende zum Innensitz

● Aus dem Sitz beide Beine
gestreckt nach vorn schwingen und
Schwung holen für einen schnellkräftigen Rück-Hochschwung des
Körpers über dem Pferderücken.
Dabei den Schwung des Galoppsprungs ausnutzen!

● Während des Aufwärtsschwungs
das Gewicht auf die Arme verlagern, den Oberkörper nach vorn
neigen, Arme beugen und die
Schultern etwas nach vorn schieben. Während des Hochschwungs
Arme durchdrücken, Hüfte strecken
und die gestreckten Beine hoch
über dem Pferderücken schließen.
Arme und Schultergürtel befinden
sich jetzt senkrecht über dem Voltigiergurt. Der Kopf ist zurückgenommen, Blickrichtung auf den Pferdehals.

● Der Rück-Hochschwung zum
Handstütz soll eine maximale Höhe

Beim 1. Teil der *Flanke* soll eine maximale Höhe erreicht werden (links); im höchsten Punkt wird die Hüfte gebeugt, und das Gewicht wird auf die Arme verlagert (rechts).

erreichen, aber nicht zum Handstand führen. Im höchsten Punkt (Umkehrpunkt) die Hüfte beugen und beide Beine geschlossen nach innen vorn führen.

● Den Schwung mit den Armen und dem rechten Bein abfangen, beim Abschwung an der Innenseite des Pferdes entlanggleiten. Der Voltigierer gleitet nun mit gestreckten und geschlossenen Beinen weich in den Innensitz. Schultern nach vorn drehen, Beine wieder ans Pferd legen.

2. Teil: Aus dem Innensitz Wende über das Pferd nach außen

● Der zweite Teil der Flanke soll unmittelbar **ohne Verzögerung** angeschlossen werden. Im aufrechten Innensitz liegen beide Beine am Pferd, die Schultern sind parallel zum Voltigiergurt, der Blick ist nach vorn gerichtet.

● Nun mit geschlossenen und gestreckten Beinen mit Ausnutzen des Galoppsprungs wieder Schwung holen, die Hüfte beugen

Beim 2. Teil so hoch wie möglich nach außen schwingen und vom Gurt abdrücken.

sich jetzt über dem Voltigiergurt, der Kopf ist hochgenommen.

● Mit geschlossenen Beinen so hoch wie möglich über die Kruppe des Pferdes nach außen schwingen. Vor Erreichen des höchsten Punktes kräftig mit den Armen abdrücken und Griffe frühzeitig loslassen, so daß eine **Flugphase** entsteht.

● Die Landung erfolgt weit außen in der Höhe der Hinterhand des Pferdes. Mit den Hüft-, Knie- und Fußgelenken den Schwung elastisch abfangen. Oberkörper aufrichten und in der Bewegung auslaufen.

und die Beine kräftig nach vorn schwingen. Beim Rückschwung der Beine den Oberkörper wiederum nach vorn-außen neigen, Gewicht auf die Arme verlagern, Arme beugen und Schultern etwas vorschieben. Die gestreckten geschlossenen Beine an der Seite des Pferdes vorbei möglichst weit rück-hochschwingen.

● Während des Aufwärtsschwungs die **Hüfte und Arme wieder strecken.** Die Schultern befinden

Tips

● Die Flanke ist eine technisch schwierige Übung, die viel Training erfordert. Außerdem muß der Voltigierer über genügend Bewegungsgefühl, Stützkraft und Körperspannung verfügen und die richtige Schwungtechnik im Stützschwung beherrschen.

● Die richtige Bewegungstechnik, das schnellkräftige Schwungholen mit Ausnutzen des Galoppsprungs sind entscheidend für das Gelingen einer hohen und schwunghaften Flanke.

● Im Innensitz beim Schwungholen für den 2. Teil der Flanke Gewicht vermehrt nach rechts verlagern.

Hauptfehler

○ Ungenügendes oder falsches Schwungholen gegen die Bewegung des Pferdes. Der Voltigierer kippt nach vorn über, er kann sich nicht von den Griffen abdrücken, somit ist kein Aufschwung möglich.

○ Mangelnde Beinstreckung und Körperspannung, die Beine werden nicht oder zu spät geschlossen.

○ Unterbrechung des Bewegungsflusses (fast ein Stillstand im Handstand).

○ **1. Teil der Flanke:** Hohlkreuzhaltung oder zu frühes Abbeugen der Hüfte, dadurch wird der Auftrieb gebremst.

○ Kein korrekter Innensitz, zu lange Sitzphase zwischen beiden Teilen der Flanke.

○ **2. Teil der Flanke:** Der Voltigierer sitzt bloß auf dem rechten Oberschenkel, holt im Innensitz mit nur einem Bein Schwung, die Beine werden zu spät geschlossen.

○ Fehlende Hüftstreckung, die linke Schulter wird nach innen gedreht.

○ Der Voltigierer rutscht nur über den Pferderücken oder bleibt beim Schwung nach außen hängen, er läßt die Griffe zu spät los.

Lernschritte

● Um den Bewegungsablauf der Übung kennenzulernen, ohne Schwung die Flanke auf dem Übungspferd und im Schritt die Übung ausprobieren.

● Auf dem Übungspferd sitzt hinten ein Helfer, der Voltigierer sitzt vor ihm und holt Schwung, der Helfer erfaßt im Rückschwung die Beine und drückt den Voltigierer mit geschlossenen Beinen hoch in den Handstütz.

● Übung des Stützschwungs im Schritt und Galopp wie auf Seite 51.

● Im Hockstand auf die Arme stützen, vom Pferd abdrücken, Hüfte beugen, Beine strecken und am rechten Bein entlang in den Innensitz gleiten.

● 1. Teil der Flanke im Schritt und Galopp üben. Aus dem Innensitz rechtes Bein wieder über den Pferdehals zum Sitz führen; Übung mehrmals wiederholen.

● Als Vorübung zum 2. Teil: Zuerst aus der Fahne und danach aus dem Sitz zur Wende nach außen abdrücken.

● 2. Teil: Sitz, Bein überschlagen zum Innensitz (oder für Fortgeschrittene Aufsprung zum Innensitz), mit geschlossenen Beinen Wende über das Pferd nach außen.

● Nun beide Teile der Flanke miteinander üben, allmählich die Höhe steigern und beide Teile immer besser miteinander verbinden.

Die Kür

Die Bewegungs-
formen des
Voltigierens

Die Bewegungsformen des modernen Voltigierens lassen sich weitgehend aus Bewegungen der **Gymnastik, des Geräteturnens** und der **Sportakrobatik** ableiten. Beim Voltigieren werden diese Bewegungen auf die Vorwärtsbewegung des Pferdes übertragen und erfahren somit noch eine Steigerung, da das **Schwingen des Pferderückens** stets abgefangen und bei jeder Bewegung miteinbezogen werden muß. Eigenschaften, Kondition, der Ausbildungsstand und Belastbarkeit jedes Pferdes beeinflussen diese Bewegungsmöglichkeiten und setzen ihnen Grenzen. **So wird niemals jede Übungsvariation auf jedem Pferd möglich sein!** Hierin liegt auch der Bezug zum Reiten: Wie vom Reiter, so wird auch vom Voltigierer ein **ständiges Sich-Einstellen, Anpassen und Reagieren auf das Pferd** verlangt.
Ebenso wie bei anderen gestalterischen (kompositorischen) Sportarten werden auch im Voltigieren immer wieder neue Übungsmöglichkeiten und -elemente entwickelt. Zusammenstellung und Gestaltung von

Küren unterliegen dabei gewissen modischen Einflüssen und ständigen Veränderungen. In den letzten Jahren zeichnen sich folgende Trends ab:
● **Betonung der Bewegungsdynamik.** Es werden mehr dynamische Übungen, vor allem im oberen Leistungsbereich, eingesetzt. Statische Übungen sind nicht mehr rein statisch, sondern werden durch die Veränderung von Arm- und Beinhaltung und die Kombinationen mit dynamischen Elementen aufgelockert.
● Zunahme **tänzerischer Gestaltungselemente** in Abstimmung der Bewegungen und dem Setzen von Akzenten zu einer speziell ausgewählten passenden **Musik.** Entwicklung von eigenen **Kür-Choreographien.**
● Erhöhte Schwierigkeiten mit mehr **akrobatischen Übungsformen,** z. B. bei Gruppenübungen auf der höchsten Ebene über dem Pferd oder mit sehr schwierigen Auf- und Abgängen in Verbindung mit dynamischen Bewegungsverbindungen.
● **Aufsprünge** erfolgen gleich in die richtige Endposition, z. B. einen Handstand u. ä. Die Übungen werden nicht mehr nur auf- und abgebaut, sondern zu anderen Übungsformen weiterentwickelt.
● **Größere Bewegungsvielfalt** durch geschickte Übungsauswahl und Wechsel der Bewegungsrichtungen und Bewegungsebenen. Das Pferd wird »umturnt«.

Einteilung der Übungsformen

Aus wenigen Grundübungen lassen sich durch Variationen eine Vielzahl von Übungsformen, -verbindungen und -kombinationen für die Kür entwickeln. **Alle Übungsformen und ihre Varianten, die nicht Teil der Grund- und Pflichtübungen sind, werden als Kürübungen bezeichnet.**
Sie umfassen Einzel-, Doppel- und Dreierübungen mit Bewegungsformen aus allen **Strukturgruppen.** Die Bewegungsformen im Voltigieren werden in dynamische und statische Übungsformen eingeteilt:
☐ **Dynamische Übungsformen** sind schwunghafte Bewegungen, bei denen die Haltung verändert wird. Dazu zählen z.B. Auf- und Ab-

gänge, Übergänge, Sprünge und Drehungen.
☐ Unter **statischen Übungsformen** versteht man Übungen, bei denen eine Haltung über eine bestimmte Zeit in einem Gleichgewichtszustand beibehalten und der Schwerpunkt nicht verändert wird wie z.B. Stände, Fahnen oder Standwaagen.

Strukturgruppen

Jede komplexe Bewegung läßt sich aus einer einfacheren Bewegung oder Grundform ableiten. Um einen besseren Überblick über die verwirrende Vielfalt der Bewegungsformen im Voltigieren zu gewinnen, ist es hilfreich, sie in größere Gruppen, sogenannte **Strukturgruppen,**

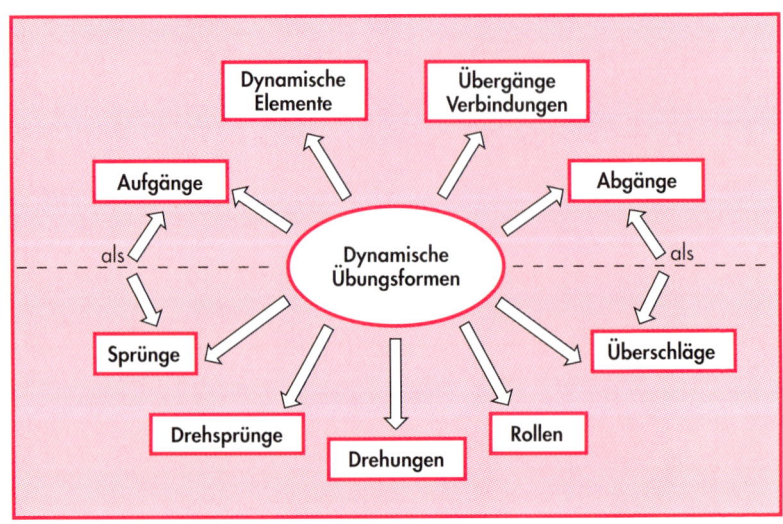

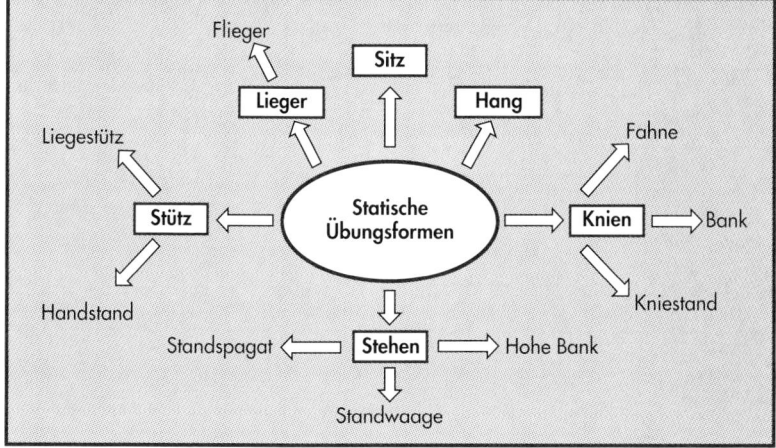

nach dem Prinzip der **Bewegungsverwandtschaften** mit übergeordneten Bewegungsbegriffen wie Schwünge, Fahnen u. ä. einzuteilen. Eine klare Trennung ist kaum möglich, da bei Bewegungskombinationen oft einige Strukturgruppen ineinander übergehen oder mehrere Grundelemente gleichzeitig – wie bei den Gruppenübungen – miteinander kombiniert werden.

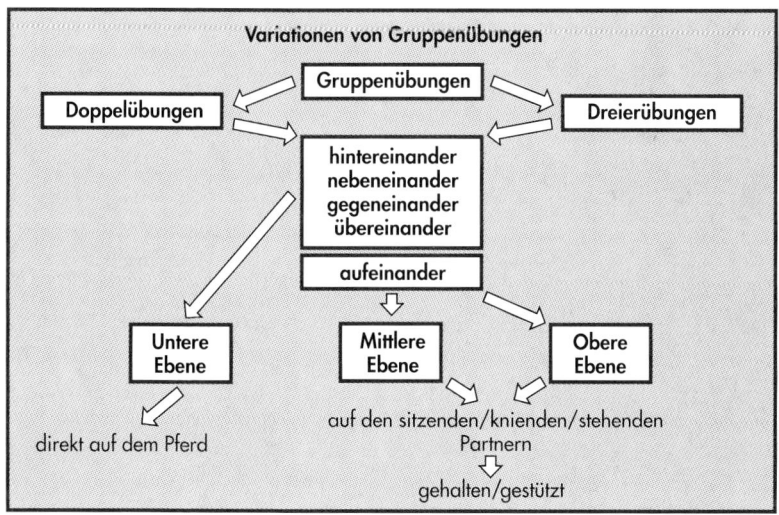

Die Kür

Variationsmöglichkeiten von Kürübungen

Ausgangspositionen und Bewegungsrichtungen des Voltigierers am und auf dem Pferd

Position der Voltigierer

hinter dem Gurt
- in Sattellage
- auf dem Pferderücken
- auf der Kruppe

auf dem Gurt
vor dem Gurt
- auf dem Widerrist
- auf dem Pferdehals

in Seitenschlaufen innen/außen
an der Seite des Pferdes innen/außen

Bewegungsverhalten

nach vorn gewandt zum Pferdehals
nach hinten zur Kruppe
nach innen zur Zirkelmitte
nach außen zur Zirkelaußenseite

vertikal:	Beispiele:
aufrecht – Kopf ist oben	Stehen
Kopf zeigt nach unten	Schulterstand
horizontal:	
Längsverhalten	Fahne
Querverhalten	Querfahne
bauchlings	Bauchlieger
Rückenlage: rücklings	Flieger rücklings
seitlings	Seitlieger

Bewegungsrichtungen

	Beispiele:
vorwärts	Knien vorwärts
rückwärts	Knien rückwärts
seitwärts	Knien seitwärts

Armhaltungen
Vorhalte
Rückhalte
Seithalte   festgehalten
Hochhalte   einarmig   gebeugt
Tiefhalte   beide Arme frei   gestreckt
Hüfthalte   gehalten
                                         geschwungen
Beinhaltungen   geführt
vorspreizen   gekreist
rückspreizen   gestützt   gegrätscht
seitspreizen   beidbeinig
hochspreizen   einbeinig

Steigerung der Schwierigkeit von Kürübungen		
Veränderung der Übungsform	leichter	schwerer
Art der Bewegung	leichter statisch einfach	schwerer dynamisch komplex
Ausgangsposition	in Sattellage	an der Seite des Pferdes, auf der Kruppe usw.
Verhalten zum Pferd	vorlings horizontal Längsverhalten	rücklings seitlings vertikal Querverhalten
Art der Abstützfläche	Griffe	Pferdehals, Pferderücken, Kruppe
Abstützen bei Partnerübungen	Schultern Rücken	auf den Händen des Partners
Positionen der Voltigierer	hintereinander übereinander	nebeneinander aufeinander
Anzahl der Abstützpunkte	beidhändig beidbeinig	einhändig einbeinig beide Arme frei
Größe der Abstützfläche	auf dem Rücken auf Gesäß, Knien	auf den Händen auf den Fußsohlen auf einem Bein
Abstand zum Gurt	am Gurt	auf dem Hals auf der Kruppe
Abstand zum Pferd, Höhe	untere Ebene	mittlere Ebenen oberste Ebene
Bewegungsrichtung	vorwärts	rückwärts seitwärts
Wechsel der Bewegungsrichtung	eine Richtung	mit Drehungen, Umschwüngen usw.
Armbewegungen Beinbewegungen	angefaßt gehalten geschlossen	geschwungen, gekreist usw. gegrätscht

Methodische Hinweise zum Erlernen von Kürübungen

Bereits Anfänger können einfache Kürübungen ausführen. Die vielfältigen Kürformen lockern den Unterricht auf und bilden eine willkommene Abwechslung neben dem üblichen Einüben der Grund- und Pflichtübungen.

Eine sinnvolle Hinführung zu neuen Kürformen richtet sich nach folgenden **methodischen Grundsätzen** (s. auch Seite 148), die für alle Sportarten Gültigkeit haben:

● Übungen, die auf bekannten, schon erlernten Übungen aufbauen, werden vor neuen, unbekannten Bewegungsabläufen erlernt;

● leichte Übungen vor schwierigen Übungsteilen,

● einfache vor zusammengesetzten, komplexen Bewegungsabläufen,

● eine Kürübung wird in der Grobform erlernt, bevor Einzelheiten verbessert werden, um die Feinform zu erreichen.

Daraus ergeben sich für das Voltigieren folgende Leitlinien:

● Die Übungen sind zuerst am Boden, am Übungspferd, am Pferd im Halten und dann im Schritt auszuprobieren und einzuüben, bevor sie im Galopp ausgeführt werden.

● Übungen in leichter Form vor einer schwierigeren Ausführungsform: mit Festhalten an den Griffen, bevor die Arme ausgestreckt werden, oder Übungen auf unterer Ebene vor solchen auf einer höheren Ebene.

● Übungen in Bewegungsrichtung des Pferdes (vorwärts) vor Übungen gegen die Bewegungsrichtung (rückwärts),

● einfache Bewegungsverbindungen vor komplizierten wie z. B. mit Drehungen oder Schwüngen.

Man beginnt mit leichten Einzelübungen und kombiniert dann die Pflichtformen zu Doppel- und Dreierübungen, die bei den Voltigierern besonders beliebt sind. Mit zunehmendem Können werden darauf aufbauend die bekannten Kürformen durch neue Übungsvariationen ständig erweitert.

Von Anfang an sollte Wert auf eine **vielseitige Übungsauswahl** gelegt werden, die für alle Voltigierer durchführbar ist. Die einfachen Formen und die verschiedenen Grundpositionen der Partnerübungen sollen alle Voltigierer erlernen, ohne sie zu früh auf die Positionen für »Ober- und Untermänner« in der Kür festzulegen.

Durch die Zusammenarbeit der ganzen Gruppe bei der Kür werden **Kooperation, Kreativität, Vielseitigkeit und Verantwortung** der Voltigierer gefördert. So haben die Voltigierer in der Kür die Möglichkeit, gemeinsam neue Übungskombinationen zu erfinden und auszuprobieren.

Das **Zusammenspiel bei Gruppen-übungen** wird mit den Voltigierern systematisch eingeübt. Die Voltigierer müssen lernen, sich **aufeinander einzustellen** und ihre Bewegungen untereinander abzustimmen: z. B. die Arme gleichzeitig in die Seithalte zu führen, den Wechsel bei Auf- und Absprüngen und Übergängen zu koordinieren sowie bei Hebe- und Stützübungen den Krafteinsatz der Unterleute aufeinander abzustimmen. Da die Voltigierer oft nicht sehen können, wie sich ein Voltigierer hinter ihnen verhält, müssen sie quasi **blindlings aufeinander vertrauen** können. Insbesondere bei Höchstschwierigkeiten wie z. B. dem »Handstand auf der Schulter« muß sich der Obermann unbedingt auf die Unterleute, die ihn im Handstand halten und stützen, verlassen können!

Eine Zuordnung der Übungsformen nach gemeinsamen Bewegungsmerkmalen befähigt den Trainer, auf bekannte, ähnliche Bewegungsformen zurückzugreifen, die bisher schon sicher erlernt worden sind. Kennt der Ausbilder die typischen Merkmale einer Bewegung und die dazugehörende **Strukturgruppe,** so kann er den Bewegungsablauf leichter erfassen und Rückschlüsse auf die Idealbewegung ziehen. Wurde zum Beispiel die Pflichtübung Fahne zuvor schon erlernt,

sind Technik und Haltung der Fahne bekannt, und können für die Kür daraus viele ähnliche Übungsteile entwickelt werden: Fahne rückwärts, Doppelfahne, Fahne aufeinander, Fahne auf der Schulter usw.

Griffe für Kürübungen

Die Griffe spielen eine entscheidende Rolle beim Aufbau von Kürübungen. Sie sollen den Voltigierern einen **bestmöglichen Halt und die größte Sicherheit** geben. Die Griffe müssen jeweils auf die nachfolgende Übung abgestimmt sein, so daß man gleich in die **richtige Position gelangt, ohne umzugreifen.** Die richtigen Griffe hängen ab von

☐ der Art der Übung und Übungsverbindung,

☐ Größe und Körperbau der beteiligten Voltigierer,

☐ der Position des Voltigierers und seiner Bewegungsrichtung.

Vor der Entwicklung einer neuen Übung werden verschiedene Griffmöglichkeiten ausprobiert, um die geeignetste Griffassung zu finden. Die **Grundgriffe** sind auf den Seiten 42/43 und die **Griffe für Gruppenaufgänge** auf den Seiten 88/89 zu finden.

Die Kürübungen

In diesem Buch kann nur eine **beschränkte Übungsauswahl** aus der Vielzahl von Kürformen vorgestellt werden. Die aufgeführten Übungen dienen als Anregung dazu, selbst andere, eigene Formen zu erfinden. Videoaufzeichnungen von verschiedenen Küren sind eine bewährte Hilfe, um Aufbau und Ausführung sowie die Verbindung verschiedenartiger Kürübungen wiederholt beobachten zu können.

Die **Bewegungsbeschreibung der Kürübungen** bezieht sich jeweils auf die **Ausgangsstellung auf dem Pferd,** aus der eine Übung entwickelt wird. Die Übungen werden immer von der **Zirkelmitte** aus **– also von innen –** und in der **Bewegungsrichtung des Pferdes auf der linken Hand** gesehen. Es sind bewußt keine verbindlichen Schwierigkeitsgrade der Übungen angegeben, da sich diese ändern können und national sowie international nicht einheitlich sind. Maßgeblich für die gegenwärtige Einstufung der Schwierigkeitsgrade der Übungen für eine Wettkampfkür ist das geltende nationale bzw. internationale Reglement.

Für den Unterricht werden jedoch Übungsvorschläge für leichtere und schwerere Kürformen nach methodischen Gesichtspunkten zur Orientierung gegeben. Siehe hierzu die Seiten 98 und 118.

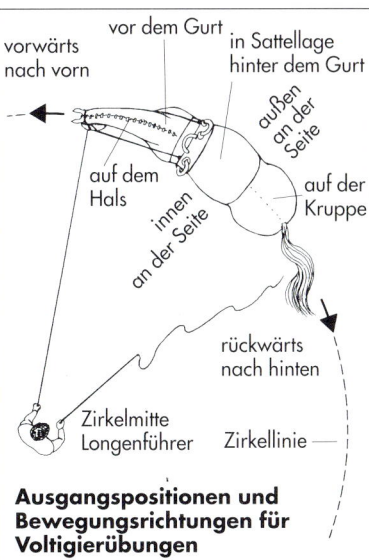

Ausgangspositionen und Bewegungsrichtungen für Voltigierübungen

Abkürzungen

vw = vorwärts: nach vorn gewandt

rw = rückwärts: nach hinten

sw = seitwärts: zur Seite

vl = vorlings: Front des Voltigierers zeigt zum Pferd

rl = rücklings: Rücken des Voltigierers zeigt zum Pferd

sl = seitlings: eine Seite des Voltigierers zeigt zum Pferd

VV = Vorderer Voltigierer

HV = Hinterer Voltigierer

MV = Mittlerer Voltigierer

OV = Oberer Voltigierer

UV = Unterer Voltigierer

/ = oder

Dynamische Übungsformen

Dynamische Übungsformen lassen eine Kür abwechslungsreicher und lebhafter wirken. Sie bestehen aus **Aufgängen, Abgängen, Übergängen und dynamischen Elementen** (s. Schema Seite 76). Dynamische Übungen sind ein wichtiges Gestaltungselement für eine Kür und können je nach Schwierigkeit und Ausführungsform als eigene Übungsteile mitgezählt werden. Im **Gruppensport** sind in den letzten Jahren neue Aufsprung- und Abgangformen hinzugekommen, bei denen der Obermann vom Boden direkt in die oberste Ebene zu einer Gruppenübung aufspringt oder von dort abspringt (z. B. Aufsprung in den Flieger). Das **Einzelvoltigieren** hat den Voltigiersport durch zahlreiche neuartige dynamische Einzelelemente bereichert. Es gelten folgende Leitlinien:

● Dynamische Übungsteile werden aus vorhergehenden statischen Übungsteilen entwickelt bzw. schaffen einen Übergang zu den folgenden Übungsverbindungen. Mit gelungenen, harmonischen Auf-, Ab- und Übergängen läßt sich so eine **besondere gestalterische Wirkung** in der Kür erzielen.

● Es sollen möglichst **kurze, zeitsparende,** dazu **effektvolle** Auf-, Ab- und Übergänge ausgewählt werden. Mit Aufsprüngen gleich in die **richtige Ausgangsposition** für die nachfolgenden Übungen und Abgängen direkt aus der letzten Position eines Voltigierers läßt sich viel Zeit sparen. So wird der Aufbau bzw. Abbau der Übungen wesentlich abgekürzt.

● Es ist auf ein **optimales Ausnutzen des Schwungs der Galoppbewegung des Pferdes** zu achten, um eine möglichst große Höhe und Weite bei der Ausführung der Schwungbewegungen zu erreichen.

● Eine Kür sollte stets **verschiedene Aufgangformen** enthalten und mit einem gelungenen Abgang ihren wirkungsvollen Abschluß finden.

● Die meisten Übungsbeispiele können sowohl an der **Innenseite** als auch an der **Außenseite des Pferdes, vor-, rück- oder seitwärts** durchgeführt werden, deshalb werden diese Variationen nicht immer gesondert erwähnt. Wenn nicht anders angegeben, wird die Übung stets **von innen und vorwärts** ausgeführt.

● Die dynamischen Teile werden kurz beschrieben, da eine bildliche Darstellung sehr schwierig ist.

Aufgänge
Jede Übungsfolge, jeder Wechsel der Voltigierer beginnt mit einem Aufsprung. Ausgehend vom Grundaufgang bei der Pflicht sind viele Abwandlungen möglich. Die Technik des Pflichtaufsprungs muß beherrscht werden, bevor man

beginnt, neue Formen im Galopp einzuüben. Dazu muß die erforderliche Sprung-, Stütz- und Zugkraft ausreichend entwickelt sein.

Übungsbeispiele für Einzelaufgänge

1 Aufsprung in den Innensitz

Nach einem kräftigen Absprung vom Boden die Hüfte beugen, um das Gesäß möglichst hochzubringen. Den Oberkörper nach unten neigen, Beine geschlossen lassen, das Gesäß nach oben schieben, an den Gurt heranziehen und im Innensitz hinter dem Gurt landen. Dieser Aufgang eignet sich, um bei Partnerübungen *vor* einen Voltigierer aufzuspringen.

2 Aufsprung in den Außensitz

Nach dem Absprung die Beine geschlossen lassen, mit gestreckten Beinen über den Pferderücken nach außen schwingen und im Außensitz landen.

3 Scheraufsprung zum Rückwärtssitz

Nach einem energischen Absprung Hüfte beugen und das Gesäß möglichst hochbringen, linkes Bein nach hinten-oben spreizen und Hüfte nach links drehen, dann linkes Bein nach außen über die Kruppe schwingen – das rechte Bein bleibt an der Innenseite des Pferdes; mit Schultern und Körper mitdrehen und im Rückwärtssitz landen.

Variation: Scheraufsprung mit Rechtsdrehung

4 Aufsprung zum Sitz rw auf den Pferdehals

Dieser Aufsprung ist direkt auf den Pferdehals oder durch den flüchtigen Innensitz möglich. Nach dem Absprung mit geschlossenen Beinen wird der Oberkörper über das Pferd nach außen gebeugt. Der Voltigierer stützt sich auf seinen rechten Arm, dreht die Hüfte nach rechts, während er das linke Bein über den Pferdehals nach vorn-außen führt. Er richtet sich wieder auf und landet im Rückwärtssitz auf dem Hals.

Variation: Aufsprung zum Sitz rw auf dem Pferdehals über den Außensitz

5 Aufsprung ins Knien

Kräftiger Absprung, Beine geschlossen lassen, auf die Arme stützen, Hüfte und Knie beugen, dabei das Gesäß möglichst hochbringen. Mit den Unterschenkeln flach im Knien auf dem Pferd landen. Oberkörper aufrichten.

Variationen:

– Aufsprung ins Knien seitwärts
– Aufsprung in die Fahne

6 Aufsprung in den Hockstand

Gleicher Bewegungsablauf wie bei Aufsprung 5. Kräftiger Absprung, um das Gesäß und die gebeugten Beine hoch über das Pferd bringen zu können. Nun flach auf den ganzen Fußsohlen auf dem Pferderücken in der Hocke aufsetzen.

Variationen:

– Aufsprung ins Stehen
– Aufsprung in die Standwaage

7 Aufsprung in den Liegestütz

Nach einem kräftigen Absprung beide Beine geschlossen hochschwingen, dabei die Arme erst beugen und in der Flugphase über dem Pferd allmählich durchdrücken. Im Liegestütz mit den Füßen (auf dem Fußrist) auf der Kruppe landen.

Variation:

Aufsprung mit einbeiniger Landung

Ein Bein wird vor der Landung nach oben abgespreizt.

8 Aufsprung in die Rückenlage

Rechte Hand am inneren Griff, linke Hand greift an den äußeren Griff. Nach dem Absprung Hüfte beugen und mit dem Rücken zum Pferd drehen, sich an den Gurt ziehen und in Rückenlage längs auf dem Pferd landen.

9 Aufsprung in den Innenstütz quer vl

Mit der linken Hand am inneren Griff festhalten und die rechte Hand auf dem Pferderücken aufstützen. Abspringen, den Oberkörper zum Pferd drehen und zum Stütz auf dem Pferd kommen (mit nach unten gestreckten und geschlossenen Beinen).

Variation: **Aufsprung zum Innenstütz mit sofortigem Durchhocken zum Außensitz**

10 Aufsprung in den Schulterstand

Die rechte Hand faßt den äußeren Griff von unten, die linke den inneren von oben. Aus dem kräftigen Absprung Hüfte beugen, Knie anziehen, den Oberkörper an der inneren (bzw. äußeren) Halsseite des Pferdes nach vorn beugen; die rechte (bzw. linke) Schulter hinter dem Widerrist aufsetzen und die Beine nach oben zum Schulterstand vw führen.

11 Rückwärts-Rollaufsprung zum Sitz rw auf dem Pferdehals

Beide Hände am inneren Griff, abspringen, sofort nach vorne drehen, beide Beine geschlossen nach hinten hochschwingen und Beine an den Körper ziehen. Während der Rollbewegung beide Beine strecken und öffnen und sich vor den Gurt ziehen.

Variation: **Rollaufsprung zum Querlieger**

Übungsbeispiele für Gruppenaufgänge

Bei diesen Aufgängen ist es sehr wichtig, daß der Absprung vom Boden und das Hochziehen des Voltigierers auf das Pferd nahezu gleichzeitig erfolgen. Dazu müssen sich alle Voltigierer genau aufeinander abstimmen. Um den richtigen Moment für den Absprung zu finden, zählt ein Voltigierer die Galoppsprünge mit.
Griffformen für Gruppenaufgänge s. Seiten 88/89.

12 Doppelaufsprung hintereinander

Griff 1 oder 2. Dies ist die einfachste Art, wie mehrere Voltigierer hintereinander aufspringen können:

Der VV zieht den aufspringenden Voltigierer mit der rechten Hand zum Sitz hoch.

<u>Variation:</u> **Aufsprung ins Knie oder Stehen hinter dem Partner** (Griff 2 oder 5)

13 Aufsprung unter Hochschwingen zum Sitz

Ein Voltigierer auf dem Pferd macht einen Stützschwung, während ein zweiter Voltigierer zum Sitz **vor** ihn aufspringt.

14 Aufsprung mit Übersprung

Der stehende HV stützt sich auf die Schultern des vor ihm sitzenden VV und springt dann über das Bein eines aufspringenden dritten Voltigierers, der in der Mitte zwischen den beiden anderen landet.

15 Aufsprung zum Sitz oder Stand rw

Ein stehender bzw. sitzender Voltigierer zieht den aufspringenden Voltigierer direkt in den Sitz rw auf den Hals oder zum Stand rw auf den Gurt (Griff 3 oder 4).

16 Aufsprung unter Hochziehen zum Knien/Stehen vorn

Zu zweit: Der auf der Kruppe stehende Hintermann greift mit Griff 4 und zieht den anderen Voltigierer hoch zur Hocke oder zum Stand vw **vor** sich.

17 Rollaufsprung mit Hochziehen in den Stand

Während des Absprungs mit dem Rücken zum Pferd drehen (Blick nach innen zur Zirkelmitte), Beine anhocken und mit einer Rolle rw im Seitstand auf dem Pferd landen.

18 Aufsprung auf die Fahne/Bank

Griff 5. VV Sitz rw auf dem Hals, HV in der Bank/Fahne. Der dritte aufspringende Voltigierer erfaßt die Arme des VV und springt direkt zum Sitz auf den Rücken des HV auf.

19 Aufsprung in den aufgefangenen Liegestütz

Griff 8. Ein Voltigierer in der Rückenlage auf dem Pferd, der zweite erfaßt die Griffe und wird im Aufsprung vom HV an den Beinen aufgefangen und in den Liegestütz hochgestemmt.

20 Aufsprung in den hochgestützten Liegestütz/Flieger

Der HV faßt den MV im Sprung an den Oberschenkeln und drückt ihn hoch in den Stütz auf den Schultern des VV. Griff wie Nummer 8.

Griffe für den Rollaufsprung (Übung 17).

Griff 1 und Griff 2 für Vorwärtsaufgänge in den Sitz, das Knien oder den Stand.
Griff 3 für Aufgänge vor den Gurt rw.   Griff 4 für Aufgänge vor den Partner vw/rw.

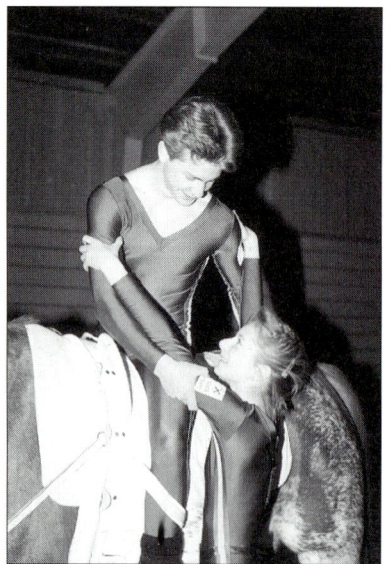

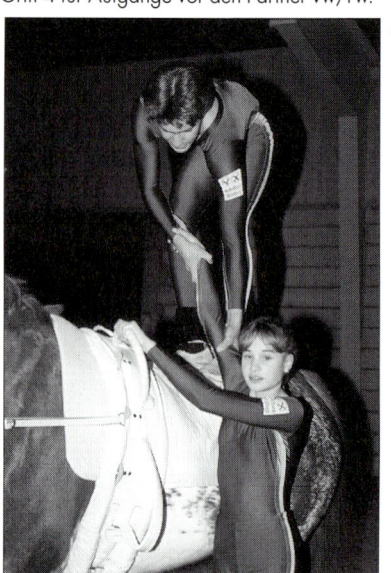

5

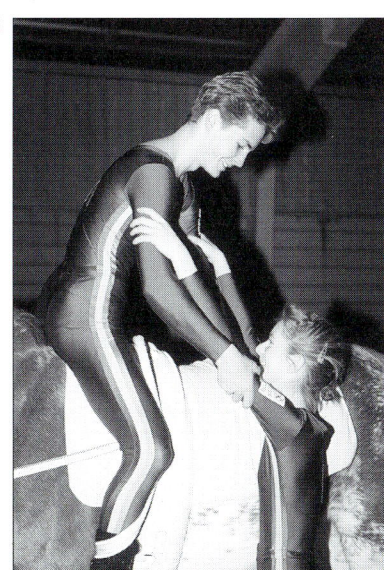

6

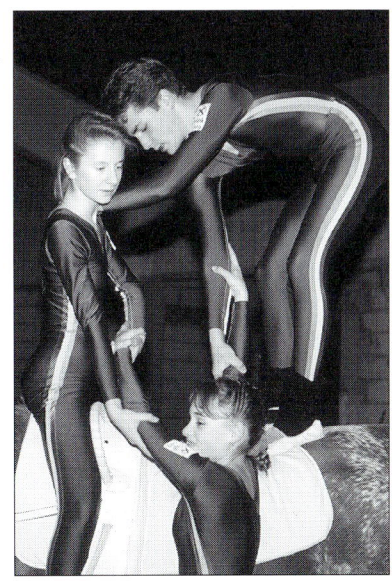

Griff 5 für alle Positionen hinter dem Gurt. Griff 7 für Seitwärtsaufgänge.

Griff 6 für Aufgänge zwischen zwei Partner. Griff 8 für Aufgänge in den Stütz/Flieger.

7

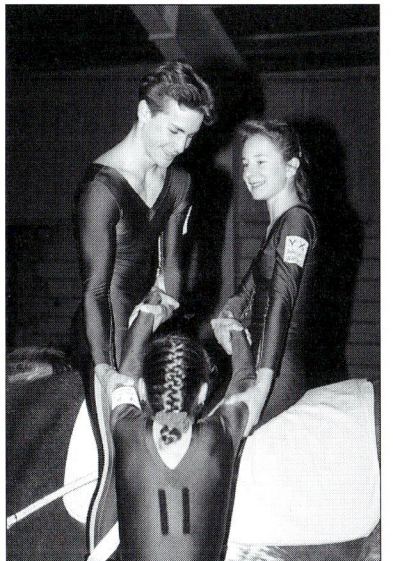

8

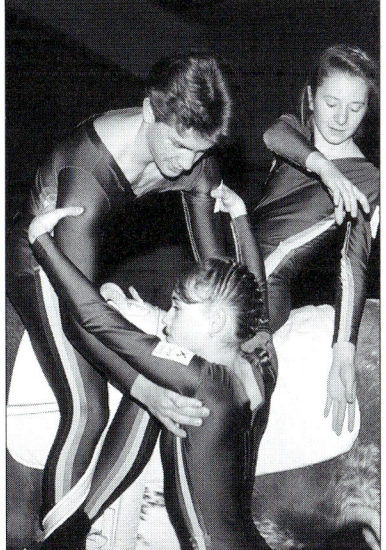

Abgänge

Für Abgänge gibt es zahlreiche Variationsmöglichkeiten. Sie werden hauptsächlich **nach außen und hinten** ausgeführt, damit die folgenden Voltigierer schneller aufs Pferd zur nächsten Übung aufspringen können. Schwierige Abgänge wie Überschläge, Rollen, Salti u. ä. müssen am Boden oder sogar in der Turnhalle vorgeübt und sicher beherrscht werden, bevor sie auf dem Pferd gesprungen werden.
Bei Gruppenabgängen ist darauf zu achten, daß die stützenden Partner den abspringenden Voltigierer möglichst lange mit den Armen führen. Die Griffe müssen jedoch gelöst werden, kurz bevor der abspringende Voltigierer den Boden erreicht.
Stets Wert auf korrekte, sichere Landungen legen!
Hinweise für das richtige Landen und Fallen Seite 158 f.

Übungsbeispiele für Einzelabgänge

1 Wende von der Kruppe mit halber Drehung
Aus dem Rückwärtssitz Beine hochschwingen und Hüfte nach außen drehen, mit den Händen abdrücken, Schultern mitdrehen und mit geschlossenen Beinen vw außen landen.
Variation: **Wende vom Sitz rw auf dem Pferdehals mit halber Drehung nach außen**

2 Wende vom Pferdehals mit Drehung über den Pferderücken
Aus dem Sitz rw vor dem Gurt Beine rückhochschwingen, mit der linken Hand auf dem Pferderücken abstützen und mit einer Rechtsdrehung nach innen über den Pferderücken schwingen und vw landen.
3 Wende aus der Fahne/Knien
Aus der Fahne mit dem ausgestreckten rechten Bein Schwung holen, mit dem linken Unterschenkel und den Armen vom Pferd abdrücken, Beine schließen und zur Wende nach innen oder außen abgehen.
Variation: **Wende aus der Fahne rw vom Pferdehals mit halber Drehung nach außen**
4 Bocksprung über die Kruppe
Aus der Bank rw beide Hände auf der Kruppe aufsetzen, Gewicht auf die Arme verlagern, sich fest mit den Händen und Unterschenkeln vom Pferd abdrücken. Beine grätschen und strecken, dann mit geschlossenen Beinen weit hinter dem Pferd landen.
5 Abhocken aus dem Seitstütz
Aus dem Stütz vl an der Innenseite des Pferdes mit geschlossenen Beinen über den Pferderücken abhocken.
6 Strecksprung
Aus dem Stehen mit beiden Füßen vom Pferd nach oben abdrücken, die Arme nach oben schwingen. Den ganzen Körper bis in die Fußspitzen spannen, Beine schließen und außen landen.

7 **Grätschwinkelsprung**
Ein solch perfekt ausgeführter, hoch gesprungener Grätschwinkelsprung wie oben abgebildet ist nur etwas für Könner.
<u>Leichtere Variation:</u> **Grätschsprung**

8 Handstandabgang

Handstütz, mit dem rechten Bein Schwung holen, mit dem linken Bein vom Pferderücken abdrücken, Gewicht auf die Arme verlagern und mit gestreckten Beinen zum Handstand aufschwingen. Mit den Armen vom Gurt abdrücken.

Bei dieser Variation, dem *Handstandabgang seitwärts,* sind eine ausgezeichnete Körperspannung und ein kräftiger Abdruck vom Pferderücken erforderlich.

9 **Rolle vw an der Schulter des Pferdes nach außen**

Im Hockstand oder Knien linke Schulter an die äußere Halsseite des Pferdes legen, mit den Füßen vom Pferd abdrücken, Kopf einziehen und nach außen abrollen.

10 **Rolle rw über die Kruppe**

Aus dem Sitz vw vor dem Gurt über die Rückenlage auf dem Pferderücken mit angezogenen Beinen nach hinten rollen. Mit den Händen von der Kruppe abdrücken zur Landung vw hinter dem Pferd.

11 **Rolle rw quer zum Pferd**

Innensitz, rechte Hand am inneren Griff, die linke Hand drückt sich vom Pferd ab, über die Rückenlage quer über den Pferderücken nach außen rollen. Wichtig: Während des Abrollens nach vorne drehen, um sicher zu landen.

12 **Salto vw/rw**

Der Salto rückwärts wird aus dem Stand auf der Kruppe nach hinten gesprungen; der Salto vorwärts aus dem Stand in Sattellage nach vorn-außen.

13 **Handstandüberschlag nach vorn**

Der Handstandüberschlag vw wird aus dem Vorwärtsstehen über den Handstütz am Gurt nach vorn-außen ausgeführt. Dabei kräftig vom Pferd abdrücken!

14 **Flick-Flack**

Der Überschlag rw wird aus dem Stehen vw mit schnellkräftigem Abdruck von der Kruppe nach hinten gesprungen.

Der *Flick-Flack* setzt ein hohes Maß an Mut und turnerischem Können voraus.

15 Rad/Radwende

Aus dem Seitstand rw oder sw beide Hände nacheinander auf der Kruppe aufsetzen und vom Pferd abdrücken.

Übungsbeispiele für Gruppenabgänge

16 Doppelabgang nach vorn

Aus dem Doppelsitz führen beide Voltigierer gleichzeitig ein Bein nach vorn-oben zum Abgang nach innen oder außen.

17 Wende aus dem Querlieger von der Bank/hohen Bank

Der OV schwingt mit gestrecktem Körper und geschlossenen Beinen vom Querlieger zur Landung nach außen ab.

18 Unterschwung von der hohen Bank

Vom Sitz (oder Querlieger) auf der hohen Bank nach außen schwingen, Beine dann **unter** der hohen Bank zur Landung nach innen führen und mit geschlossenen Beinen abrutschen.

19 Übersprung

VV nimmt im Sitz vw die Arme hoch, der stehende HV stützt sich auf die Hände des VV und springt mit beiden Füßen nach oben ab, zieht die Knie an und springt zwischen den Armen hindurch über den Kopf des VV nach außen ab. Der Untermann muß im Sprung den HV gut abstützen und dann mit den Armen nach unten führen. Vor der Landung Hände lösen!

20 Übergrätschen

Wie zuvor, der HV springt in einer Grätsche über seinen Partner, der ihn mit beiden Händen in der Mitte stützt.

21 Übersprung rw

Vom Stand vw auf dem Gurt springt der VV über den sitzenden HV nach hinten-außen ab.

22 Handstandabgang von der Schulter

Der HV stützt sich im Stand auf den Schultern des VV, holt mit einem Bein Schwung zum Handstand und drückt sich von den Schultern des VV zum Handstandabgang nach innen oder außen ab.

23 Stützrolle von den Schultern

Aus dem Knien auf den Schultern (statische Übung 11) nach außen abrollen.

24 Rolle aus dem Querlieger auf den Armen

Der OV liegt im Querlieger (statische Übung 33) auf den Armen zweier sich gegenübersitzender Partner und rollt vw nach innen oder außen ab.

25 Abrollen vom Schulterlieger

Aus dem Schulterlieger (statische Übung 32) vw nach außen abrollen. Der Untermann sitzt, kniet oder steht dabei.

26 Rolle aus dem Querlieger

Aus der Querlage vl auf der hohen Bank mit einer Rolle vw seitwärts abrollen (s. Übung 16 Seite 109).

27 Sprungrolle (Starabgang)

Der VV sitzt, der stehende HV stützt sich auf die ausgestreckten Arme

Beim *Überschlag aus dem Flieger* muß ein weiter Bogen nach hinten ausgeführt werden.

des VV und springt nach oben ab. Im Sprung über den VV führt er mit angezogenen Beinen eine Rolle vw aus. Die Beine werden wieder gestreckt und der Voltigierer landet weit außen am Boden. Der stützende Voltigierer muß die Hände vor der Landung des HV lösen!

28 **Überschlag aus dem Flieger**
Im Flieger rl beugt sich der OV nach hinten und schwingt in einem Bogen mit geschlossenen Beinen über die Kruppe ab. Er wird vom VV nach hinten gedrückt und vom HV in Rückenlage abgestützt.

Übergänge

Übergänge verbinden mehrere Übungsteile zu einer Übungsfolge. **Sie sollen von einer vorangehenden Übung zur zweckmäßigsten Ausgangsstellung für die folgenden Übungsteile führen und so möglichst flüssige, harmonische Verbindungen herstellen.**
Umständliches, langwieriges Auf- und Abbauen von Übungsteilen kann durch geschickte Verbindungen und möglichst kurze Wege vermieden bzw. abgekürzt werden. Der Bewegungsablauf der meisten Übergänge gleicht vielen Ab-

gangformen; so ist z.B. die Rolle aus dem Schulterlieger sowohl als Abgang wie auch als Übergang möglich.

Übergänge bestehen in der Kür aus **Sprüngen, Drehungen mit Schwüngen, Scheren, Rollen und Überschlägen** und werden eingesetzt für:

- **Richtungswechsel** von vor- nach rückwärts oder umgekehrt,
- **Positionswechsel** von vorn nach hinten, von der unteren auf eine höhere Ebene, von vorlings nach rück- und seitlings.
- **Platzwechsel** der Voltigierer bei Doppel- und Dreierübungen von hinten nach vorn oder umgekehrt, von unten nach oben.

Übergänge sind immer im Zusammenhang mit den dazu passenden statischen Übungsteilen zu sehen. Sie können hier nur aus den Übungsverbindungen herausgelöst dargestellt werden. Zur Anregung werden im folgenden einige bekannte Formen aus einer Vielzahl von Verbindungsmöglichkeiten herausgegriffen.

Übungsbeispiele

1 Aus dem Innensitz auf den Pferdehals drehen

Das linke Bein wird aus dem Innensitz nach vorn über den Pferdehals mit einer halben Drehung nach außen geschwungen zum Rückwärtssitz auf dem Hals.

2 Vorwärtsschere/Rückwärtsschere aus dem Sitz auf dem Hals

Aus dem Sitz vor dem Gurt kann die Bewegungsrichtung mit einer halben Schere für Übungen auf dem Hals gewechselt werden.

3 Drehung aus Knien/Fahne/Standwaage

Das ausgestreckte rechte Bein mit einer halben Körperdrehung über den Pferdehals führen zum Rückwärtssitz vor dem Gurt.

4 Fahne/Standwaage-Scherdrehung

Rechtes Bein nach oben schwingen, mit dem linken vom Pferderücken abdrücken, mit einer Hüftdrehung das linke Bein nach außen führen und das rechte nach innen (Beine kreuzen), Landung im Rückwärtssitz.

5 Ganze Drehung an der Innenseite des Pferdes

Aus dem Innensitz mit überkreuzten Armen gut abstützen und mit dem Körper eine ganze Rechtsdrehung ausführen, dann rechtes Bein über den Pferdehals schwingen zum Sitz vw vor dem Gurt.

6 Platzwechsel

Bei diesem Übergang wechseln zwei Voltigierer ihre Plätze aus dem Doppelsitz von vorn nach hinten. Der VV wird aus dem Innensitz vom HV an der Taille umfaßt und zum Sitz vw hinter ihm herumgehoben.

7 Drehungen im Lieger/Flieger/Liegestütz

Die Lage des Fliegers kann gewechselt werden vom:

- Flieger vw zum Flieger rw/sw.

– Vom Flieger vl zum Flieger rl oder sl.

Wichtig ist dabei, daß der OV die Körperspannung beim Drehen beibehält.

8 Umschwünge

Schwunghafte Drehungen erfolgen über den beidarmigen Stütz und sind in vielerlei Formen und aus verschiedenen Positionen ausführbar:

○ **Umschwung aus dem Vorwärtssitz**

– zum Sitz rw auf den Hals,
– mit einer ganzen Drehung über den Pferdehals wieder zum Sitz vw.

○ **Aus dem Rückwärtssitz vor dem Gurt**

– zum Sitz vw/rw oder zur Fahne vw auf dem Pferderücken

○ **Umschwung aus der Fahne vw**

– zum Sitz rw vor dem Gurt,
– zur Fahne rw auf dem Hals,
– mit Hochschwingen zur Standwaage mit Umschwung auf dem Hals.

○ **Umschwung aus der Fahne rw auf dem Hals**

– zum Sitz/Knien oder Fahne vw.

9 Umschwung aus dem Stand

Auf die Griffe stützen, mit beiden Beinen an der Innenseite des Pferdes entlanggleiten, dann das linke Bein nach außen über den Pferdehals zum Rückwärtssitz führen.

10 Umschwung aus dem Stütz oder Handstand

Dieser Übergang erfolgt aus dem Stütz vw über den Partner mit Drehung zum Sitz rw oder Stand rw.

11 Durchhocken aus dem Seitstütz

Von innen/außen mit beiden Beinen über den Pferderücken durchhocken zum Innen-/Außensitz. Vgl. Abgang 5.

12 Übersprung/Übergrätschen

Diese Sprünge entsprechend den Abgängen 19 und 20 mit Landung auf dem Pferd im Stand oder Sitz vor dem Partner.

<u>Variation:</u> **Übersprung rw**
Wie Abgang 21 mit Landung im Stand vw auf dem Pferderücken hinter dem Partner.

13 Rolle rw auf den Pferdehals

Aus der Rückenlage (Kopf und linke Schulter liegen an der Innenseite des Pferdes) mit beiden Beinen

Mit *Rollen* lassen sich viele abwechslungsreiche Übergänge in der Kür gestalten.

Kürübungen

Schwung holen und zum Rückwärtssitz vor dem Gurt rollen.
<u>Variation:</u> **Rolle rw zur Fahne rw
auf den Hals**

14 Aufrollen zum Schulterlieger
Der HV umfaßt den VV mit einem
Arm an der Hüfte. Dieser rollt rw
auf die Schulter des Untermanns
zum Schulterlieger.
<u>Variation:</u> **Abrollen vom Schulter-
lieger zum Sitz**
Vgl. Abgang 25.

15 Aufrollen zum Schulterstand
Aus der Rückenlage Beine hochschwingen und zum Schulterstand
rw auf dem Pferderücken aufrollen.
<u>Variation:</u> **Abrollen vom Schulter-
stand**
Ebenso kann man aus dem Schulterstand rw wieder zur Rückenlage
abrollen.

Übungsvorschläge für leichte und mittelschwere dynamische Kürübungen

Aufgänge
☐ Aufsprung in den Innen-/Außen-
sitz
☐ Scheraufsprung
☐ Aufsprung zum Rückwärtssitz vor
dem Gurt über den Innensitz
☐ Aufsprung ins Knien,in die
Fahne, den Kniestand und den
Hockstand
☐ Doppelaufsprung hintereinander
☐ Aufsprung unter Hochschwingen
zum Sitz
☐ Aufsprung zum Knien hinter
einen Partner

Abgänge
☐ Abgang nach außen
☐ Doppelabgang
☐ Wende nach außen
☐ Doppelte Wende
☐ Wende von der Kruppe
☐ Wende aus dem Knien/der
Fahne
☐ Wende aus der Fahne auf dem
Hals rw
☐ Handstandabgang aus der
gestützten Standwaage
☐ Bocksprung über die Kruppe
☐ Strecksprung
☐ Grätschsprung
☐ Rolle an der Schulter des Pferdes
nach außen
☐ Übersprung über einen/zwei
Voltigierer
☐ Handstandabgang von der
Schulter
☐ Abrollen aus dem Schulter-
lieger
☐ Unterschwung von der hohen Bank

Übergänge
☐ Halbe Mühle
☐ Halbe Schere
☐ Halbe Flanke zum Innensitz
☐ Aus dem Innensitz auf den
Pferdehals drehen
☐ Aus dem Knien/der Fahne/der
Standwaage vw zum Sitz um-
steigen rw auf dem Pferdehals
drehen
☐ Richtungswechsel zu zweit von
vorn nach hinten
☐ Übersprung von hinten nach
vorn
☐ Rolle rw auf dem Pferdehals

Statische Übungsformen

Der Aufbau von statischen Übungen hängt davon ab, aus welcher Ausgangsstellung oder aus welchem vorhergehenden Übungsteil eine Übung jeweils entwickelt wird. Deshalb wird darauf verzichtet, den Aufbau für jede einzelne Übung gesondert zu beschreiben. Viele Übungsbeispiele können sowohl an der **Innenseite** als auch an der **Außenseite des Pferdes**, **vor-, rück- oder seitwärts** und mit verschiedenen Arm- und Bein-

Eine beliebte Kürübung im Einzelvoltigieren ist der *Kniestand seitwärts* (Übung 4).

haltungen durchgeführt werden. Diese Variationen sind nicht extra erwähnt. Ist nichts anderes angegeben, werden Übungen stets von **innen** und **vorwärts** beschrieben. Siehe hierzu auch das Schaubild über die Strukturgruppen Seite 77 und die Variationsmöglichkeiten Seite 78. **Im Wettkampf** muß jede statische Kürübung mindestens **3 Galoppsprünge** ausgehalten werden.

Beispiele für Einzelübungen

Übungsformen im Sitz

1 Schneidersitz
Der Voltigierer sitzt nahe am Gurt und legt ein Bein schräg über den Gurt und das andere Bein darüber. Beide Beine werden vor dem Gurt gekreuzt.

2 Spreizsitz
Das linke Bein liegt angewinkelt über dem Gurt, mit der rechten Hand die rechte Fußsohle von oben ergreifen und das Bein gestreckt zur Seite hochziehen.

Übungsformen mit Knien, Kniestand, Bank und Fahne

3 Freies Knien
Die Unterschenkel liegen links und rechts der Wirbelsäule des Pferdes. Aufrecht mit gerader Hüfte knien.
Variation: **Knien rw oder sw**

4 Kniestand (Prinzensitz)
Das linke Bein liegt schräg über dem Pferderücken, das angewinkel-te rechte Bein wird mit dem Fuß flach auf dem Pferderücken aufgesetzt.
Variation: **Kniestand sw**

5 Bank rl
Bei der Bank mit hochgespreiztem rechten Bein und ausgestrecktem linken Arm muß die Hüfte gestreckt werden.

6 Fahne rw auf dem Pferderücken
Aus der Bank rw wird das linke Bein schräg über den Pferderücken gelegt, dann das rechte Bein und den linken Arm zur Rückwärtsfahne ausstrecken.
Variation: **Die Querfahne**

7 Fahne rw auf dem Hals
Aus dem Rückwärtssitz vor dem Gurt linkes Bein schräg über den Pferdehals legen, rechtes Bein zur Fahne hochführen. Mit den Armen gut abstützen, um ein Abkippen zu verhindern.

Übungsformen mit Stehen/Standwaage/Standspagat

8 Stand in der Schlaufe vw
In der Abbildung auf S.101 unten wird der Stand mit einem hochgespreizten Bein außen gezeigt.
Variation: **Seitstand außen vl**

9 Freies Rückwärtsstehen
Aus dem Hockstand vorsichtig zum Rückwärtsstehen aufrichten.

10 Standwaage/Standspagat gestützt
Bei dieser Übung wird ein Bein möglichst hoch gespreizt.

11 Bielmann-Standwaage in der Schlaufe

Bei dieser Standwaage, die eine ausgezeichnete Spreizfähigkeit und Beweglichkeit im Rücken und im Schultergelenk verlangt, müssen die Hand und der Fuß über Kopfhöhe so weit wie möglich hochgezogen werden. Hier steht die Einzelvolti-giererin mit dem linken Bein in der Außenschlaufe.

Unten: Weltmeisterin Silke Bernhard zeigt den *Stand in der Schlaufe* in vorbildlicher Ausführung (Übung 8). Rechts: Eine Variation ist die *Bielmann-Standwaage.*

Lieger/Stütz/Handstand/Schulterstand

12 Lieger

Der Lieger kann gezeigt werden als
– Querlieger/Längslieger vl, rl oder sl
– Seitlieger vl hochgespreizt

13 Stütz vl (Abb. Seite 102)

Im gestreckten Stütz vl mit beiden (geschlossenen) Beinen oder einem Bein auf der Kruppe abstützen.

14 Schulterstand vw

Die Schulter hinter dem Widerrist auflegen und zum Schulterstand auf-schwingen. Der Schulterstand kann aus dem Sitz, dem Knien oder Hockstand, der Standwaage oder dem Handstand entwickelt werden.

Variation: **Schulterstand rw auf dem Pferderücken**

101

Bei dieser Stütz-Variation liegt nur der linke Fußrist des Voltigierers auf der Kruppe.

15 **Freier Handstand**

Durch die Griffe hindurch- und an den Ansatz der Ausbinder greifen. Gewicht auf die Arme verlagern und aus dem Sitz oder Hockstand in den Handstand aufschwingen.

Hang

16 **Schulterhang sw**

Hier hängt der Voltigierer mit beiden Armen am inneren Griff an der Außenseite des Pferdes.

17 **Kanone**

Diese Anfängerübung kann in der Innen- oder Außenschlaufe oder doppelt gezeigt werden. Außen: Im Außensitz das linke Bein in die äußere Schlaufe setzen und mit der linken Hand am inneren Griff festhalten. Linkes Bein beugen und Oberkörper absenken, das rechte Bein nach vorn und den rechten Arm nach außen ausstrecken.

18 **Kosakenhang**

Der Kosakenhang kann ebenfalls innen/außen und als Doppelkosakenhang gezeigt werden. Im Sitz vw das rechte Bein durch die Außenschlaufe stecken und die Fußspitze anziehen. Nun das linke Bein über den Pferdehals führen zum Außensitz. Oberkörper quer über das Pferd legen und das linke Bein senkrecht nach oben spreizen.

Oben: *Freier Handstand vorwärts.*
Rechts: *Schulterhang außen.*

Kürübungen

Beispiele für Gruppenübungen

<u>Übungsformen mit Sitzvariationen</u>

1 **Schultersitz im Sitzen**
Für einen sicheren Sitz werden
beide Beine des OV hinter dem
Rücken des Untermanns verschränkt.
<u>Variation:</u> **Schultersitz im Knien**
2 **Schultersitz im Stehen**
Diese Übung braucht für den Aufbau einen Vordermann, an dessen
Schultern sich der stehende Voltigierer abstützen kann.

3 **Strecksitz quer auf den Armen**
Zwei Voltigierer sitzen sich gegen-
über, der HV legt seine Arme
gestreckt auf die Schultern des
Vordermanns, während dieser
den quer auf den Armen sitzenden
Voltigierer sichert.
4 **Hochsitz: Strecksitz hochgestützt**
Die Übung kann auch von der Mitte
aus oder von vorn aufgebaut werden: Der OV wird vom Stand aus in
der Mitte oder auf dem Gurt zum
Strecksitz hochgestützt. Der Hochsitz kann von den UV vorwärts oder
rückwärts gestützt werden.
5 **Sitz auf der freien hohen Bank**
Der OV springt von hinten auf die
hohe Bank auf und klemmt sich mit
beiden Beinen fest.
<u>Variation:</u> **Spreizsitz auf der hohen
Bank**

Oben: *Schultersitz im Stehen.*
Rechts: Eine Anfängerübung ist das
Sitzen – Stehen.

Oben: *Hochsitz* mit geschlossenen Beinen.   Unten: *Spreizsitz auf der hohen Bank.*

Kürübungen

Übungsformen mit Grätschsitz oder Spagat

6 **Spagat auf den Schultern gehalten**
Die Beine des nach vorn gewandten OV liegen auf den Schultern der beiden UV auf, die ihn an den Beinen und an der Schulter (oder am Oberkörper) sichern.

7 **Hochgestützter Grätschsitz oder Spagat**
Die Abbildungen veranschaulichen die beiden möglichen unteren Sitzpositionen und die veränderte Haltung des OV. Der Seitspagat wird aus dem Stehen sw zwischen den UV entwickelt. Der OV muß oberhalb des Knies gehalten werden.

8 **Seitspagat rw im Liegen gestützt**
Eine besonders einfallsreiche Variante zeigt die Abbildung S. 107 rechts unten; sie wird aus dem Doppelsitz der UV entwickelt.

9 **Spagat/Grätschsitz im Sitz rw und Stehen vw gestützt**
Die Übung wird aus dem Stand zwischen den beiden Unterleuten aufgebaut und verlangt eine hohe Spreizfähigkeit (s. Seite 130 rechts).

Oben: *Hochgestützter Seitspagat,* rechte Seite: *Hochgestützter Spagat vorwärts* (Übung 7). Rechts unten: Ein im Liegen gestützter *Seitspagat* (Übung 8).

Übungsformen mit Knien – Knie-
stand/Bank – Fahne

10 **Doppelknien/Dreierknien**
Dies sind einfache Kürübungen für
Anfänger. Die Voltigierer knien eng
beieinander mit aufrechter Hüfte.

11 **Knien auf der Schulter**
Die Unterleute sollen etwa gleich
groß sein und eng zusammensitzen,
während der OV mit beiden Beinen
und deren Schultern kniet. Die
Unterschenkel des OV müssen eng

an den Hals der UV angelegt
werden.

12 **Doppelter Kniestand**
Eine einfache Doppelübung. Die
linken Unterschenkel der beiden
Voltigierer liegen parallel schräg
über dem Pferd.

13 **Doppelfahne**
Der hintere Voltigierer muß etwas
größer sein, um über seinem Partner
eine Fahne zeigen zu können. Der
UV greift unten an die Griffe, der
OV ganz oben. Die Unterschenkel

*Fahne auf der
hohen Bank*
(Übung 16). Bei
dieser Übung
sind zahlreiche
andere Varian-
ten des oberen
Voltigierers mög-
lich wie z. B.
Sitzen (s. auch
S. 160), Knien
und Lieger.

der beiden Voltigierer liegen parallel eng zusammen (s. Seite 21).

14 Fahne aufeinander
Die Übung wird aus dem Stehen über der Fahne entwickelt. Der OV kniet schräg über dem Rücken des UV. Die ausgestreckten Beine sollen parallel sein. Mit ausgestrecktem linken Arm erhöht sich der Schwierigkeitsgrad der Übung.

15 Doppelfahne gegeneinander
Die Übung besteht aus einer Kombination der Fahne rw auf dem Hals

des Pferdes und der Fahne vw. Der VV lehnt sich mit dem Oberkörper nach außen und faßt die Griffe oben an, während der HV sich nach innen lehnt und die Griffe unten anfaßt.

16 Fahne auf der hohen Bank
Diese Übung wird aus dem Sitz auf der Bank entwickelt. Der Rücken des UV sollte waagrecht (kein Hohlkreuz) sein. In den Knien mitfedern!
<u>Variationen:</u> **Knien/Querlieger auf der hohen Bank**

Eine Variation der Übung 16: Hier steht das Mädchen auf den Oberschenkeln des unteren Mädchens.

Übungsformen mit Variationen mit Ständen

17 Sitzen – Knien – Stehen

Eine einfache, sehr hübsche Übung, wenn alle Partner größenmäßig zusammenpassen und die Armhaltung gut aufeinander abgestimmt ist.

18 Doppelstehen

Eine klassische Übung, die zwei sichere Steher verlangt und aus dem Sitzen–Stehen entwickelt wird. Der VV darf beim Aufrichten den Oberkörper nicht hochreißen, um seinen Partner nicht aus dem Gleichgewicht zu bringen.

Variation: **Stehen gegeneinander**

19 Dreierstehen

Alle Voltigierer stehen der Größe nach gestaffelt eng hintereinander, damit sie Platz auf dem Pferd haben.

20 Freies Stehen auf der Schulter

Die Übung kann mit ein oder zwei Unterleuten aufgebaut werden. Der UV sichert den stehenden Voltigierer am Unterschenkel.

Variation: **Stehen sw auf den Schultern von zwei UV**

21 Stehen über der Bank/Fahne

Bei dieser leichten Übung steht der OV breitbeinig über der Fahne/Bank des UV und drückt seine Beine leicht an dessen Taille an.

22 Stehen über und auf der Bank/Fahne

Wie Übung 21. Ein leichterer Voltigierer steht noch auf dem Gesäß des unteren Voltigierers.

23 Stehen auf dem Oberschenkel eines Stehers

Eine akrobatische Übung mit hohem Schwierigkeitsgrad, die einen sicheren Steher voraussetzt.

24 Stern

Der äußere Voltigierer hat den rechten Fuß in der äußeren Schlaufe und der innere Voltigierer den linken Fuß in der inneren Schlaufe. Der Steher in der Mitte hält die zwei Voltigierer an den Oberarmen. Beide lehnen sich so weit wie möglich nach außen bzw. innen (s. Seite 80).

Rechte Seite oben: Eine leichte Kürübung ist das *Stehen über der Fahne* (Übung 21).

Unten: Stehen vw auf dem Oberschenkel (Übung 23).

Eine attraktive Stand-Variation ist das *Stehen über und auf der Bank* (Übung 22).

<u>Übungsformen mit Standwaage
oder Standspagat</u>

25 **Doppelstandwaagen in der Schlaufe**

Dies sind beliebte Anfängerübungen, die in mehreren Varianten gezeigt werden können:

– **Standwaagen gegeneinander in den Schlaufen,**
– **Standwaagen rw in den Schlaufen,**
– **Standwaage in der Schlaufe rw-Fahne vw gegeneinander.**

26 **Sitz – Standwaage**

Diese Übung ist gut für eine leichte Kür geeignet, denn der Voltigierer, der die Standwaage ausführt, kann sich auch mit beiden Händen abstützen.

<u>Variation:</u> **Standwaage rw auf dem Gurt – Sitz vw**

27 **Standwaage im Sitz gehalten**

Der VV steht auf dem Gurt vor dem sitzenden Voltigierer und wird am Stützbein gehalten.

<u>Variation:</u> **Bielmann-Standwaage im Sitz vw gehalten**

Die gehaltene Standwaage wird mit rück-hochgezogenem Bein ausgeführt.

28 **Fahne – Standwaage**

Die Übung wirkt am besten, wenn beide Voltigierer größenmäßig zusammenpassen und Arme und Beine parallel ausstrecken.

29 **Standwaage auf der Schulter**

Diese schwere Übung ist leichter, wenn sie mit zwei Unterleuten ausgeführt wird: Der OV steht auf dem HV und wird vom vorderen Voltigierer an den Händen gestützt.

<u>Variationen:</u>
– **Fahne auf der Schulter,**
– **Standwage hochgestützt**

30 **Standwaage sw auf den Armen**

Die Übung wird aus dem Seitstand zwischen zwei Unterleuten aufgebaut. Der OV zeigt eine Standwaage auf den ausgestreckten Armen der unteren Voltigierer.

31 **Sitz rw – Standwaage auf der Bank/Fahne**

Der OV steht in der Standwaage auf der Bank und stützt sich auf die Arme des vor dem Gurt sitzenden Vordermanns.

Standwaage vw im Sitz gehalten (Übung 27).

Rechte Seite oben: *Standwaage seitwärts auf den Armen* (Übung 30). Unten: *Standwaage auf der Bank* (Übung 31).

Lieger/Stütz/Handstand/ Schulterstand

Diese Übungen können mit verschiedenen Haltungen gezeigt werden: Ausführung vw, rw oder sw, Beinhaltung geschlossen, gegrätscht, ein Bein gebeugt; Liegestütz oder Handstand im Sitz vw oder rw gehalten, von einem oder zwei Voltigierern gehalten bzw. gestützt, einarmiger Handstand oder einarmig gehalten.

32 Schulterlieger im Sitzen
Bei dieser Übung liegt der OV gestreckt auf der rechten Schulter des UV. Mit der linken Hand stützt der Untermann ihn an der linken Schulter, mit der rechten umfaßt er dessen Hüfte. Aufbau wie Übergang Nr. 14.
Variationen: **Schulterlieger im Knien oder Stehen**
33 Querlieger auf den Armen
Zwei Voltigierer im Sitz gegeneinander, die Arme werden gestreckt auf die Schultern des Partners gelegt. Der dritte Voltigierer legt sich quer mit gespanntem Körper vl auf die Arme der Unterleute zum Querlieger. Arme zur Seite ausstrecken.
Variationen: **Querlieger auf der Bank/hohen Bank**
34 Fliegender Engel
Die Übung wird aus der Schubkarre entwickelt und kann im Stehen und im Knien gezeigt werden. Der Voltigierer hat den besten Halt, wenn er

die Beine hinter dem Rücken in der Taille des Stehers verschränkt. Schwerer ist die Übung mit ausgestreckten Beinen, die fest gegen den Steher gepreßt werden.
35 Flieger
Die Abbildungen zeigen einige der vielfältigen Ausführungsformen dieser bekannten Übung mit verschiedenen Sitzpositionen der Unterleute und der veränderten Lage des »Fliegers«:
– **Flieger vl** (s. Titelbild)
– **Flieger rl geschlossen/ein Bein angehockt**
– **Flieger sl hochgespreizt**
36 Liegestütz im Sitzen hochgestützt
Der hochgestützte Liegestütz auf der Schulter des sitzenden VV läßt sich mit denselben Variationen wie der Flieger verändern.
37 Handstand – Sitzen
Der Handstand kann gegrätscht oder geschlossen vw bzw. rw gehalten werden (s. Seite 169).
Variation: **Handstand sw im Rückwärtssitz gestützt**
38 Handstütz rw frei hochgestützt
Er wird aus dem Stand rw auf dem Gurt entwickelt (s. S. 122).
39 Handstand/Liegestütz rw auf der Kruppe
Der HV stützt sich mit beiden Händen auf die Kruppe und schwingt in den Stütz, während die VV (im Sitz rw) ihn an den Oberschenkeln hochdrückt.
Variationen: **Handstand/Liegestütz rw auf der Bank/Fahne**

Zwei Varianten des *Fliegers rücklings:* rw-geschlossen (links) und sw-angehockt (rechts).
Flieger seitlings hochgespreizt.   *Sitz rw – Handstand seitwärts* (Übung 37).

40 Holmenstand

Der OV stützt sich mit beiden Schultern im Schulterstand auf die ausgestreckten Arme der Unterleute und wird an der Hüfte gesichert.

41 Liegestütz – Stehen (Schubkarre)

Bei dieser beliebten leichten Kürübung schwingt der VV hoch zum Stützschwung, der HV erfaßt ihn an den Oberschenkeln.

42 Handstand – Stehen

Der Handstand kann aus der gestützten Standwaage oder mit Hochschwingen aufgebaut werden.

43 Doppelter Liegestütz/Handstand nebeneinander

Diese Übung verlangt einen sehr sicheren Steher in der Mitte und wird aus dem einbeinigen Stand in den Schlaufen aufgebaut.

44 Handstand auf den Schultern

Diese schwere Dreierübung kann als

– Handstand auf einem Sitzenden, im Stehen gehalten werden oder als

– Handstand auf der Bank/Fahne gezeigt werden.

45 Handstand hochgestützt

Diese Übung ist eine Steigerung vom Handstand auf den Schultern. Sie erfordert viel Kraft vom UV, da dieser im Sitz den Handstand auf seinen Händen hochdrücken muß.

46 Handstand sw auf der Schulter/den Armen

Die Übung wird aus dem Seitstand des MV entwickelt.

47 Liegestütz im Liegen hochgestützt

Der Untermann hat beide Beine in der Schlaufe und legt sich vom Sitz zurück, während er den OV im Liegestütz abstützt.

48 Schulterstand – Standwaage

Dies ist eine hübsche Übungskombination, bei der sich der HV auf die Beine des Schulterstands stützt.

Links: *Handstand hochgestützt* (Übung 45).
Rechte Seite: Hier zwei Abwandlungen des *Handstands seitwärts* auf der Schulter (Übung 46).

Übungsvorschläge für leichte und mittelschwere statische Kürübungen

Einzelübungen

Die Grundformen von Einzelübungen eignen sich auch dazu, die verschiedenen **Grundpositionen für Doppel- und Dreierübungen** zu schulen. Sie lassen sich mit vielen anderen Übungsteilen kombinieren: z. B. Fahne, Kniestand, Knien, Stehen, Standwaage, Stehen, Lieger u.ä.:

- ☐ Schneidersitz
- ☐ Freier Rückwärtssitz auf dem Hals
- ☐ Spreizsitz angefaßt
- ☐ Knien vorwärts
- ☐ Kniestand vorwärts
- ☐ Fahne rückwärts mit beiden Händen gestützt
- ☐ Fahne rückwärts auf dem Hals festgehalten
- ☐ Standwaage vorwärts mit beiden Armen gestützt
- ☐ Standwaage in der Schlaufe vorwärts oder rückwärts
- ☐ Seitstand in der Schlaufe
- ☐ Querlieger oder Längslieger angefaßt
- ☐ Kosakenhang
- ☐ Pistole

Leichte Doppel- und Dreierübungen

- ☐ Doppelter/Dreifacher Sitz
- ☐ Schultersitz im Sitzen (– Stehen)
- ☐ Sitzen auf der Bank
- ☐ Sitzen – Knien/Stehen

- ☐ Doppelknien
- ☐ Kniestand – Stehen
- ☐ Doppelkniestand
- ☐ Doppelfahne
- ☐ Querlieger – Fahne
- ☐ Kosakenhang – Fahne/Knien/ Stehen
- ☐ Kanone und Fahne
- ☐ Knien – Stehen
- ☐ Kniestand – Stehen
- ☐ Sitzen – Knien – Stehen
- ☐ Stehen über der Bank/Fahne
- ☐ Sitzen – Standwaage
- ☐ Doppelte Standwaage vor- oder rückwärts in der Schlaufe
- ☐ Standwaage gegeneinander in den Schlaufen
- ☐ Liegestütz (Schubkarre) – Stehen
- ☐ Sitzen rückwärts – Liegestütz
- ☐ Schulterlieger
- ☐ Schulterstand gehalten – Sitz vorwärts

Mittelschwere Übungen

- ☐ Fahne gegeneinander
- ☐ Doppelfahne rückwärts angefaßt
- ☐ Fahne – Standwaage festgehalten
- ☐ Fahne auf der Schulter
- ☐ Liegestütz auf der Schulter im Sitzen hochgestützt
- ☐ Doppelstehen
- ☐ Sitz rückwärts – Stehen rückwärts mit Festhalten
- ☐ Handstand im Sitz gehalten
- ☐ Querlieger auf den Armen
- ☐ Querlieger auf der Bank
- ☐ Sitzen auf der hohen Bank
- ☐ Knien auf den Schultern, angefaßt

Mit einfachen Kürkombinationen lernen Anfänger, aufeinander einzugehen.

Kürausführung

Wie bei anderen **gestalterischen (kompositorischen) Sportarten** – wie Turnen, Eiskunstlaufen und rhythmische Sportgymnastik – werden Voltigierbewegungen danach beurteilt, wie gut **Technik und Ausführung der Übungen gelingen. Die Qualität der Bewegungen bildet hier den Bewertungsmaßstab** – im Gegensatz zu Sportarten wie Schwimmen oder Leichtathletik, wo es auf meßbare Kriterien wie Geschwindigkeit oder Weite ankommt.

Die optimale **Ausführung** orientiert sich an bestimmten, bei den Pflichtübungen beschriebenen **Bewegungsnormen** und **Techniken,** die auch auf die Kürformen übertragbar sind. In der Kür werden diese Grundhaltungen variiert. Die Anforderungen in der Kür sind durch die großen Bewegungsmöglichkeiten in der Verbindung von dynamischen mit statischen Elementen sehr vielseitig. Außer der ständigen Anpassung an den Schwung der Galoppbewegung kommt bei Gruppenübungen eine zusätzliche Gewichtsbelastung für den Untermann hinzu, die eine vermehrte Kraftanstrengung erfordert, während der Obermann meist auf einer kleinen Unterstützungsfläche eine ganz besondere Gleichgewichtsleistung vollbringen muß. Deshalb müssen zum Erlernen von Kürtechniken spezielle körperliche Voraussetzungen vorhanden sein

und alle Grund- und Pflichtübungen beherrscht werden. Ohne die entsprechenden **körperlichen Grundlagen** kann eine befriedigende Ausführung der Kürübungen kaum gelingen und das Risiko für gefährliche Stürze wird erhöht.

Kriterien der Bewegungsqualität

Die **allgemeinen Kriterien der Bewegungsqualität** sind auf alle Übungen im Einzel- und Gruppenvoltigieren anwendbar:

Bewegungsgenauigkeit

Die ausgeführte Übung stimmt mit der **Idealform der Bewegung in Technik und Haltung** möglichst weit überein. Sie ist gekennzeichnet durch
– für die Grundtechnik der Übung entsprechende korrekte Körperhaltung,
– Körperspannung und -streckung,
– passende, korrekte Ausdruckshaltung zur Variation und Gestaltung der Bewegung.

Bewegungssicherheit und Gleichgewicht

Die Schwerpunkte von Voltigierern und Pferd stimmen überein. Völlig sichere Bewegungsausführung ohne Gleichgewichtsverlust und Nachkorrekturen.

Bewegungsrhythmus und Eingehen auf die Bewegungen des Pferdes

Die Bewegungen erfolgen im Einklang mit dem Bewegungsrhythmus der jeweiligen Gangart des Pferdes. Eine Übung verläuft in dem ihr eigenen Bewegungsrhythmus.

Bewegungselastizität und Rücksichtnahme auf das Pferd

Der Voltigierer geht so auf das Pferd ein, daß er elastisch seinen Schwung abbremst, dem Pferd nicht in den Rücken fällt und es in seinem Rhythmus nicht stört. Dazu gehören u. a. weiche, geschmeidige Übergänge beim Einleiten in den Sitz oder bei Positions- und Richtungswechseln.

Bewegungsfluß

Fließende Verbindungen von Bewegungsphasen wie Absprung, Landung, Ausholbewegungen, kurze Sitzphasen zwischen Übungsteilen, harmonische Übergänge, Abstimmung der Krafteinsätze.

Bewegungsdynamik

Die Krafteinsätze der Voltigierer sind aufeinander abgestimmt: gleichzeitiges Hochdrücken bei Stützübungen wie dem »Flieger« oder die Koordination von Auf- und Absprüngen.

Bewegungsweite und Bewegungsumfang

Optimale Höhe und Weite der Bewegung und Ausnutzen der vollen Gelenkbeweglichkeit.

Bewegungsharmonie

Harmonie der Voltigierer mit dem Pferd. Die Bewegungen der Voltigierer sind im Einklang miteinander und bei Positions- und Richtungswechseln sowie Bewegungsfolgen aufeinander abgestimmt.

Nur durch vielseitiges Üben und Trainieren wird erreicht, daß das Zusammenspiel der Voltigierer bei allen Bewegungen sicher, flüssig und koordiniert erfolgt im Einklang mit den Bewegungen des Pferdes. Dadurch wird der Eindruck der **scheinbaren Mühelosigkeit und Leichtigkeit** erweckt, ohne daß dem Zuschauer die Schwierigkeit der Übungen voll bewußt wird.

Auf die richtige Technik kommt es an

Unter **Bewegungstechnik** versteht man die **Idealform einer Bewegung mit dem geringstmöglichen Kraftaufwand,** der für die korrekte Bewegungsausführung einer Übung notwendig ist:

– Bei statischen Übungen das Einnehmen einer bestimmten korrek-

ten Haltung mit der richtigen Verlagerung des Schwerpunkts,
– bei dynamischen Übungen der korrekte Schwungeinsatz oder Drehimpuls – immer angepaßt an das Pferd.

Ein Hauptziel des Trainings im Voltigieren ist es, durch Üben und gezieltes Training die sportliche Technik und Ausführung immer mehr zu vervollkommnen und damit der Idealform näherzukommen.

Eine richtige Bewegungstechnik ist Voraussetzung für das Gelingen aller schweren Übungsteile. Die beiden Voltigierer zeigen hier den *frei hochgestützten Handstütz* in perfekter Ausführung (Übung 38, Seite 114).

Technisch sauber ausgeführte Übungen machen es einfacher, das Gleichgewicht zu halten, und erleichtern es den Unterleuten und dem Pferd, die Übungen auszubalancieren. Eine falsche Technik kann über einen längeren Zeitraum gesundheitliche Schäden, wie Rückenprobleme, zur Folge haben. Deshalb ist es für den Übungsleiter unerläßlich, von Anfang an auf eine korrekte Bewegungstechnik und Ausführung Wert zu legen.

Häufige Ausführungs- und Technikfehler

○ **Mangelnde Bewegungssicherheit:** Gleichgewichtsverlust, Wiederholen von Übungen, Festklammern zur Verhinderung von Stürzen, Zusammenbrechen von Übungen auf dem Pferd, Stürze.

○ **Mangelndes Gleichgewicht:** Die Übungen werden weniger als 3 Galoppsprünge ausgehalten; Hin- und Herrutschen auf dem Pferd.

○ **Haltungsfehler:** Mangelnde Oberkörperaufrichtung, Hohlkreuzhaltung, Rundrücken, zu starke Vor- oder Rücklage, Hängenlassen des Kopfes, hochgezogene Schultern, Verspannung und Verkrampfungen.

○ **Mangelnde Körperspannung und -streckung:** Fehlerhafte Beinhaltung bzw. fehlende Beinstreckung, hochgezogene Knie oder Fußspitzen, fehlerhafte Armhaltung, abgeknickte Hände u. ä.

○ **Schlechter Bewegungsfluß:** Unterbrechungen und Verzögerungen bei Auf- und Abbau sowie Übergängen der Übungen, ruckartige, abgehackte, eckige Bewegungen; nicht abgestimmte Krafteinsätze der Voltigierer, kein Ausnutzen des Galoppsprungs.

○ **Geringe Bewegungsweite:** Schlechte Spreizfähigkeit bei statischen Übungen wie Standwaagen u. ä.; geringe Höhe und Weite bei Schwüngen und Drehungen.

Hinweise zu Stütz- und Hebeübungen

Stützende untere Positionen der Voltigierer

Beim **Sitzen oder Stehen** der Unterleute ist auf die aufrechte, korrekte Grundhaltung und Grundspannung zu achten, um die zusätzliche Gewichtsbelastung des Obermanns richtig abfangen zu können und um Rückenschäden zu vermeiden. Siehe hierzu auch die Ausführung der entsprechenden Pflichtübungen auf den Seiten 44 ff.

Tip: Der sitzende Untermann hat mehr Halt, wenn er die Beine durch die Fußschlaufen steckt.

Bei einer **Unterposition in der Bank, Fahne und hohen Bank** soll der obere Voltigierer auf dem

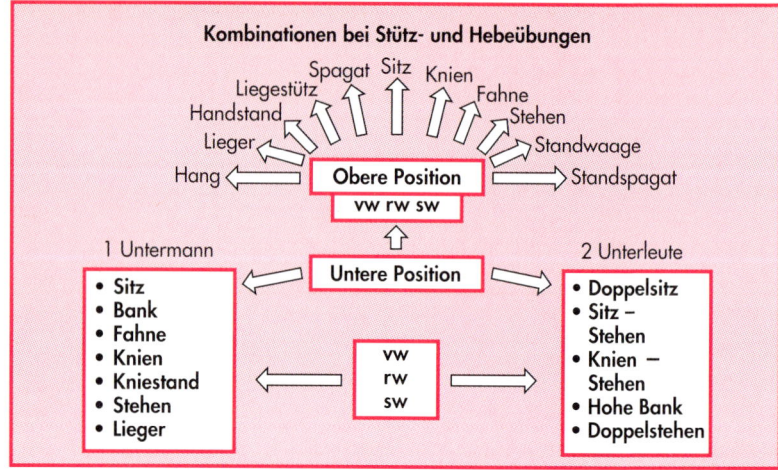

Kombinationen bei Stütz- und Hebeübungen

Spagat Sitz Knien
Liegestütz — Fahne
Handstand — Stehen
Lieger — Standwaage
Hang — **Obere Position** — Standspagat

vw rw sw

⇧

1 Untermann — **Untere Position** — 2 Unterleute

- **Sitz**
- **Bank**
- **Fahne**
- **Knien**
- **Kniestand**
- **Stehen**
- **Lieger**

**vw
rw
sw**

- **Doppelsitz**
- **Sitz –
  Stehen**
- **Knien —
  Stehen**
- **Hohe Bank**
- **Doppelstehen**

Kreuzbein der Bank oder Fahne stehen. Diese Übungen müssen mit einem geraden Rücken und angespannter Bauchmuskulatur durchgeführt werden.

Gestützte oder gehaltene Oberposition (Obermann)

Dazu gehören Übungen wie Lieger/Flieger/Stütz/Handstand/Schulterstand/Standwaagen in verschiedenen Haltungsformen. Der gestützte bzw. gehaltene Obermann darf sich dabei **nicht passiv verhalten.** Er sollte sich nicht allein von seinem Partner stützen oder halten lassen, sondern muß seine Übungsaufgabe **selbst aktiv** ausführen, d.h. er muß die spezielle Technik z.B. eines Handstands oder einer Standwaage selbst beherrschen.

Oft ist zu beobachten, daß der Obermann vom Untermann in eine bestimmte Haltung »geformt« wird (der Obermann wird voltigiert!). Eine solche Ausführung ist von den Unterleuten schwer zu halten, da sich der Obermann mit dem Rücken durchhängen läßt (Hohlkreuz), anstatt sich durch die notwendige Körperspannung leicht zu machen! All diese Übungen sollten mit einem **geraden Rücken und mit vollständiger Körperspannung** bis in die Fußspitzen mit angespannter Rücken-, Gesäß- und Bauchmuskulatur ausgeführt werden.

Beim **Handstand** soll der Schwerpunkt des Körpers über der Unterstützungsfläche – den Händen – liegen, der Kopf ist leicht zurückgeneigt mit Blick auf die Hände, die Arme werden aus den Schultern herausgestreckt.

Küraufbau

In der Kür haben die Voltigierer die Möglichkeit, ihr Können und ihre Phantasie in einer selbstgestalteten Übungsfolge zum Ausdruck zu bringen. Wenn der Ausbilder Wert auf eine vielseitige Ausbildung mit einem breiten Übungsangebot gelegt hat, wird die Gruppe bald über eine große Auswahl von Übungen für ein abwechslungsreiches Kürprogramm verfügen. **Es sollten immer mehr Übungen mit verschiedenen Besetzungen bei Partnerübungen ausprobiert und eingeübt werden,** als man später in die Kür wirklich aufnehmen kann. Muß die Kür gegebenenfalls später noch umgeändert werden – z. B. wegen Ausfall eines Voltigierers –, so ist es eine große Erleichterung, wenn man dann auf einige »Ersatzübungen« zurückgreifen kann.

Ein schwieriger, akrobatischer Kürinhalt und eine geschickte Kürgestaltung allein machen noch keine gute Kür aus, auch eine gelungene Ausführung gehört dazu. Es sollten nur solche Übungen in das Kürprogramm aufgenommen werden, welche die Voltigierer sicher beherrschen. Eine schlecht ausgeführte Kür wirkt zwangsläufig unharmonisch und unsicher und verfehlt die bei der Vorführung erwünschte Wirkung. Dies führt bei Wettkämpfen nicht nur zu Abzügen in der Ausführungsnote, sondern

wirkt sich auch negativ auf die Inhalts-, Gestaltungs- und Gesamteindrucksnote aus.
Wichtigste Grundregel für die Übungsauswahl und Übungszusammenstellung:

Lieber eine einfachere Übungsauswahl vorziehen und diese technisch sauber und sicher darstellen!

Alle nachfolgend aufgeführten Regeln und Hinweise gelten für das Gruppen- und Einzelvoltigieren gleichermaßen, außer Punkt 3 und 8.

Die wichtigsten Regeln für eine Wettkampfkür

1 Kürübungen müssen sich von Pflichtübungen unterscheiden, sonst bleiben sie ohne Bewertung. Elemente der Grund- und Pflichtübungen können für eine Kür in Form von Variationen, Kombinationen und Verbindungen verwendet werden.
2 Bei Wettkämpfen stehen der **Gruppe höchstens 5 Minuten** zur Verfügung oder entsprechend weniger, weil die Gesamtzeit von Pflicht und Kür entscheidend ist (A- und B-Gruppen 12^1/$_2$ Minuten, C-Gruppen 13^1/$_2$ Minuten). Wird die Pflichtzeit überschritten, so vermindert sich die Kürzeit entsprechend. Für das **Einzelvoltigieren** beträgt die Kürhöchstzeit immer **1 Minute**.
3 Jeder Voltigierer muß an der Kür mit **mindestens einem Übungsteil** beteiligt sein.

125

4 Mehrfach gezeigte Übungsteile werden in der Bewertung nur einmal gezählt.

5 Wird derselbe Übungsteil mit Abwandlungen in verschiedenen Schwierigkeitsgraden gezeigt, so zählt nur die schwierigste Ausführungsform.

6 Jede Kürübung, die nicht im Galopp ausgeführt ist, bleibt ohne Bewertung.

7 Statische Übungsteile müssen **mindestens 3 Galoppsprünge** lang ausgehalten werden, andernfalls bleiben diese Übungen für den Wert der Schwierigkeit unberücksichtigt.

8 Eine Gruppenkür kann aus Einzel-, Doppel- und Dreierübungen bestehen (keine Dreierübungen für C-Gruppen). Gruppenübungen mit mehr als drei Voltigierern gleichzeitig auf dem Pferd sind nicht erlaubt; zwei Voltigierer müssen dabei den Kontakt zum Pferd behalten. Zur Kürbewertung s. auch die Seiten 165 und 168.

Entwicklung einer Kür

1. Stufe:
Grundlagen zum Erlernen von Kürübungen

● Schaffung der körperlichen Voraussetzungen, von gymnastisch-turnerischen Grundlagen, Gleichgewichtsschulung.
● Grundausbildung durch Erlernen der Grund- und Pflichtübungen.

● Einführung der ersten Kürformen am Holzpferd, im Halten und im Schritt.
● Schulung der Grundformen und Grundpositionen ohne Partner.
● Schulung der Zusammenarbeit durch einfache Partnerübungen.
● Grundlagen der Sturzschulung.

2. Stufe:
Vielseitige Grundausbildung für die Kür

● Wiederholen und Festigen von bekannten Übungsabläufen (Grund- und Pflichtübungen, Grundpositionen und -kombinationen).
● Ausprobieren von neuen Übungsformen gemäß dem Leistungsstand.
● Variieren von bekannten Übungsformen.
● Erproben von Partnerübungen mit verschiedenen Partnerbesetzungen
● Entsprechende Sturzschulung.

3. Stufe:
Übungsauswahl, Festigen und Stabilisieren

● Entwickeln zusätzlicher Kürideen, z. B. für Verbindungen von Übungsfolgen nach Ideen der Voltigierer.
● Auswählen einer Reihe von möglichen Kürformen entsprechend dem Können.
● Suche nach der optimalen Besetzung bei den Partnerübungen.
● Möglichst gleichmäßige Beteiligung aller Voltigierer bei den vorgesehenen Übungsteilen.

Bei der Kürgestaltung kann die Gruppe ihre Phantasie und Kreativität zum Ausdruck bringen.

● Verbessern der Ausführung und Festigen der Bewertungssicherheit.
● Speziell auf die Übungen abgestimmtes Sicherheitstraining.

4. Stufe:
Zusammenstellung und Gestaltung der Kür

● Mitbeteiligung der ganzen Gruppe bei der endgültigen Übungsauswahl und der Kürgestaltung.
● Auswählen der besten Übungen, die im Laufe des Trainings sicher gelungen und die auf das Pferd und das Können der Gruppe abgestimmt sind.
● Schriftliches Festhalten der vorhandenen Übungsteile in einem Kürgerüst.
● Zusammenstellung der Übungen zu **Übungsfolgen** mit interessanten Übergängen unter Beachtung der Kriterien für eine gute Kürgestaltung (s. hierzu die Seiten 131/132).
● Variieren von Auf- und Abgängen.
● Abkürzen des Auf- und Abbaus der statischen Übungsteile und der Sitzphasen durch passende dynamische Bewegungsverbindungen sowie Auf- und Abgänge.

Die Kür

● Auswahl einer geeigneten Kürmusik.

● Sturzschulung und Reaktionsschulung für die ausgewählten Übungsteile.

5. Stufe:
Festigung und Verfeinerung

● Training zur Festigung und Verbesserung der Sicherheit und des Bewegungsflusses sowie des Zusammenspiels der Voltigierer bei Übungsfolgen.

● Einsatz zusätzlicher gestalterischer Elemente, wie z. B. verschiedene Armbewegungen.

● Abstimmen der Bewegungen auf die Musik.

● Training der **gesamten Kürfolge** unter wettkampfmäßigen Bedingungen bei Beachtung der zugelassenen Höchstzeit.

● Üben der **Pflicht und Kür** mit Stoppen der Zeit.

● Erfahrungen von den ersten Wettkämpfen verwerten: Was wurde in der Pflicht- und in der Kürbewertung bemängelt? Sollten eventuell Kürübungen weggelassen oder ausgetauscht werden?

Eine einmal gut zusammengestellte Wettkampfkür sollte, wenn möglich, während der ganzen Saison ohne wesentliche Änderungen beibehalten werden, damit die Voltigierer genügend Sicherheit bekommen und sich die Kür immer besser einspielt.

Überlegungen zur Kürzusammenstellung

Für die Gruppenkür

● Wie ist die Kondition und Belastbarkeit des Pferdes? Ist das Pferd so trainiert, daß es der höheren Gewichtsbelastung und den ständigen Gewichtsverlagerungen einer Kür von ca. 5 Minuten mit Doppel- und Dreierübungen gewachsen ist?

● Reagiert das Pferd bei bestimmten Übungen empfindlich? Nicht jede Übung ist auf jedem Pferd möglich. Keinesfalls irgendwelche Übungen erzwingen, gegen die das Pferd sich wehrt!

● Ist das Gebäude des Pferdes auch für Doppel- und Dreierübungen geeignet? Zeigt das Pferd eine starke Rückenbewegung?

● Wieviel Zeit steht für das Kürprogramm zur Verfügung? (Bei der Gruppe höchstens 5 Minuten.)

● Wie ist die Gruppe zusammengesetzt? Altersstufe, Größe, Gewicht, große Leistungsunterschiede, Wettkampferfahrung, Jungen, Mädchen, neue Gruppenmitglieder? Beispielsweise wird sich eine Gruppe mit fast nur gleich großen Voltigierern schwerer tun, Stütz- und Hebeübungen aufzubauen, als eine Gruppe mit unterschiedlichen Voltigierern.

● Welchen Ausbildungs- und Leistungsstand haben die Voltigierer? Welcher Schwierigkeitsgrad ist möglich?

● Jeder Voltigierer soll seinem Können und seiner Eignung entsprechend mit Übungen an der Kür beteiligt sein, die zu ihm passen und seine Stärken herausstellen: Ober- oder Untermann, ein guter Steher, Beherrschen von turnerischen Elementen (Handstand, Standwaage, besondere Ab-, Aufgänge u. ä.).

Man sollte niemals auf einer Übung bestehen, die sich ein Voltigierer nicht zutraut.

● Wie können alle Voltigierer im Wechsel gleichmäßig an der Kür beteiligt werden? Eine Kür sollte nicht nur mit ein paar »Stars« aufgebaut werden. Der Ausbilder muß vielmehr Wert darauf legen, daß jeder Voltigierer seinen Fähigkeiten entsprechend mit verschiedenen Übungen eingesetzt wird und er das Gefühl hat, mit seiner Leistung zum Gelingen der gesamten Kür beizutragen.

● Auf welchen grundlegenden Fertigkeiten kann die Gruppe aufbauen? Welches Übungsrepertoire steht zur Verfügung? Wie sind die koordinativen und konditionellen Fähigkeiten?

● Welche Ideen und Vorstellungen haben die Voltigierer für die Kür? Eine Kür ist eine gemeinschaftliche Aufgabe, bei der die Gruppe sich selbst darstellen kann; die Gruppenmitglieder sollten auch ihre eigenen Ideen miteinbringen können.

● Wie soll die Kür beginnen und was ist ein passender Abschluß?

Für die Einzelkür

Es ist erstaunlich, welche Entwicklung seit der Einführung des Einzelvoltigierens der Küraufbau und die Kürgestaltung in dieser Disziplin genommen hat. Sowohl vom Schwierigkeitsgrad als auch von der Bewegungsvielfalt und dem Ideenreichtum her hat der Sport ein sehr hohes Niveau erreicht. **In einer individuellen Bewegungsgestaltung, passend zu seiner Persönlichkeit und seinem Können, kann der Einzelvoltigierer seinen eigenen Stil und seine Kreativität in seiner Kür zum Ausdruck bringen.** Er muß dazu sein Leistungsvermögen und seine Kondition richtig einschätzen können, um eine seinen Fähigkeiten entsprechende Kür möglichst flüssig durchturnen zu können.

Auch für das Einzelvoltigieren gelten die bei der Gruppenkür aufgeführten Kriterien. Ergänzend hier noch weitere Hinweise und Fragen, mit denen sich der Einzelvoltigierer befassen sollte:

● Das Pferd sollte in der Größe zum Voltigierer passen. Ein großer athletischer Voltigierer kann beispielsweise auf einem kleinen und damit für ihn unpassenden Pferd leicht lächerlich wirken.

● An das Voltigierpferd werden bei der Einzelkür besondere Anforderungen gestellt. Das Pferd sollte im Voltigiersport schon erfahren und an die Belastungen einer Kür gewöhnt sein, da es wegen der größeren Dynamik und der schnellen Bewe-

Ein Ausschnitt aus der Kür bei der Weltmeisterschaft 1990 in Stockholm:

gungsfolgen bei der Einzelkür
größere Gewichtsverlagerungen
ausbalancieren muß.
● Es ist von Vorteil, wenn man auf
vielfältige Erfahrungen im Gruppensport zurückgreifen kann. Allerdings
braucht die Umstellung vom Grup-
penvoltigierer zum Einzelvoltigierer
seine Zeit, bis man seinen eigenen
individuellen Stil gefunden hat.
● Der Einzelvoltigierer muß in der
Lage sein, sich schnell auf wechselnde Situationen einzustellen und
selbständig und eigenverantwortlich
handeln können.

Folgende Fragen stellen sich bei
einer Einzelkür:
● Welche Übungen sind auf dem
Pferd realisierbar?

● Auf welche Übungen kann ich
zurückgreifen?
● Welche neuen, passenden
Übungsteile lassen sich daraus entwickeln, und wie lassen sich diese
ergänzen und miteinander kombinieren?
● Welche neuen Übungsformen
kann ich dazulernen?
● Welche Übungsauswahl soll
getroffen werden?
● Wie können die ausgewählten
Übungen möglichst flüssig mit
geschickten Übergängen miteinander verbunden werden?
● Welcher Schwierigkeitsgrad
wird damit erreicht?
● Was ist ein effektvoller Anfang,
und was ist ein passender Abschluß
der Kür?

Die Rheder Voltigiergruppe zeigt eine Kürfolge von höchstem Schwierigkeitsgrad.

● Wie teile ich meine Kräfte während des Kürverlaufs ein? Brauche ich noch Kraftreserven z. B. für einen schweren Übungsteil am Ende der Kür?

● Welche gestalterischen Arm- und Beinbewegungen unterstreichen die Bewegungsformen?

● Welche Musikauswahl soll getroffen werden, die den persönlichen Bewegungsstil betont und zur Galoppade des Pferdes paßt?

● Wie kann ich die Musik umsetzen und passend interpretieren?

● Wieviel Zeit brauche ich für die Kür?

● Welches Risiko gehe ich bei Höchstschwierigkeiten ein, wenn ich sie an einer bestimmten Stelle einbaue?

Kürgestaltung

Die Gestaltung der Kür hängt von dem Können und der Kreativität der Gruppe bzw. des Einzelvoltigierers ab. **Hinter einer wirkungsvollen Kür steckt immer eine gute Planung und ein durchdachter Aufbau.** Sie ist interessant und abwechselnd gestaltet, wenn folgende Regeln beachtet werden:

● **Harmonie zwischen Voltigierern und Pferd:** Optimales Zusammenspiel der Voltigierer untereinander, Abstimmung der Bewegungen und Eingehen auf die Bewegung des Pferdes.

● **Abwechslung bei der Auswahl der Elemente:** Statische und dynamische Übungsformen sollen in einem harmonischen Wechsel gleichermaßen Verwendung finden.

● Wechsel in der Übungsfolge mit Übungselementen aus **verschiedenen Strukturgruppen:** Also z. B. nicht hauptsächlich Fahnen und Standwaagen, sondern auch Handstände, Liegestützübungen usw.

● **Vielfalt der Auf- und Abgänge und Übergänge** als ein wesentliches Element in der Kürgestaltung.

● **Abwechslung in den Variationsmöglichkeiten der Kürübungen** Wechsel der Ausgangspositionen, dem Verhalten zum Pferd, Bewegungsrichtungen und -ebenen, Variationen von Arm- und Beinhaltungen (s. Schaubilder »Strukturgruppen« auf den Seiten 76/77 und »Variationsmöglichkeiten« auf den Seiten 77/78.).

● Durch Verbindung der einzelnen Übungsteile zu Übungsfolgen ergeben sich **fließende Übergänge und ein zeitsparender Bewegungsfluß.** Das Pferd soll niemals »leer« werden. Bei einer Gruppenkür ist eine wiederholte Blockbildung mit den gleichen Voltigierern zu vermeiden, außerdem sollen **alle Voltigierer** einer Gruppe annähernd gleichmäßig an der Kür beteiligt sein.

● **Prinzip der Steigerung:** Aus einer einfacheren Übung in einer Übungsfolge wird eine schwerere entwickelt.

● Einige **Höhepunkte können in der Kür Akzente** setzen. Die einmalige Ballung von Schwierigkeiten ist nicht sinnvoll. Dagegen wird ein spannungsreicher Kürverlauf durch **eine gelungene Verteilung der Höhepunkte** erreicht. Ein interessanter Anfang erweckt Aufmerksamkeit und ein »Abfallen« der Kür zum Ende hin hinterläßt einen langweiligen Eindruck.

● **Originalität und Kreativität:** Einbau neuartiger, selbsterfundener Übungsteile, die einen gewissen »Überraschungseffekt« haben.

● **Musikalität:** Durch Abstimmen der Bewegungen auf eine passende Musik wird eine besondere **Harmonie und Ausstrahlung** erreicht.

Gestaltete Bewegung verlangt eine geschickte **Choreographie,** die mit der **Persönlichkeit und dem Können der Voltigierer übereinstimmen muß.** Gut gewählte Gestaltungselemente haben einen Sinn, d.h. sie passen zu einer bestimmten Bewegung, setzen Akzente und werden im richtigen Moment eingesetzt. Künstlerisch gut abgestimmte Arm- bzw. Beinbewegungen unterstreichen bestimmte Elemente, sie wirken natürlich, harmonieren mit dem Bewegungsrhythmus und verlaufen im Einklang mit der Musik. Dies setzt eine gewisse Reife und ein Können voraus. Unter Gestaltung ist nicht gemeint, daß jeder Voltigierer unbedingt mit den Armen und Beinen »wedeln« muß, insbesondere wenn er die Übungen noch nicht ganz beherrscht! Deshalb sollten Anfänger eher eine schlichte Gestaltung wählen.

Lernen, Üben, Trainieren

Im meist bewegungsarmen Alltag kann das Voltigieren in der Bewegungserziehung von Kindern und Jugendlichen eine wertvolle Aufgabe erfüllen. **Durch seine komplexen Bewegungsmöglichkeiten stellt der Voltigiersport selbst schon eine vielseitige Körper- und Koordinationsschulung dar, die alle Bereiche des Körpers umfaßt.** Allein das Sitzen auf dem galoppierenden Pferd verlangt ständige Ausgleichsbewegungen und eine Anpassung an den Bewegungsrhythmus des Pferdes, um das Gleichgewicht zu

erhalten. Alle motorischen Grundfertigkeiten sind darin enthalten: Laufen, Springen, Schwingen, Drehen, Hüpfen, Stemmen, Stützen, Balancieren usw.

Durch ständiges **Üben** werden erlernte Bewegungen wiederholt, verbessert und gefestigt. Eine weitere Förderung von Koordination und Kondition kann nur durch sportliches Training erfolgen. Trainieren bedeutet ein zielgerichtetes, planmäßiges Üben mit dem Ziel einer Leistungssteigerung. Das **Konditionstraining** schafft die körperlichen Grundlagen zur Verbesserung der Technik einer Sportart. Im **Techniktraining** werden die erforderten speziellen Fertigkeiten und Fähigkeiten einer Sportart erlernt und ver-

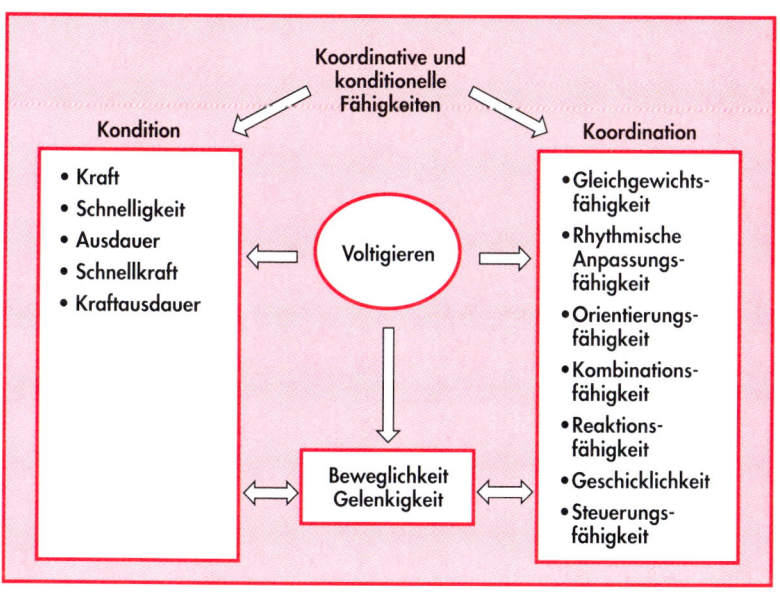

Koordinative und konditionelle Fähigkeiten

Kondition

- Kraft
- Schnelligkeit
- Ausdauer
- Schnellkraft
- Kraftausdauer

Voltigieren

Beweglichkeit Gelenkigkeit

Koordination

- Gleichgewichtsfähigkeit
- Rhythmische Anpassungsfähigkeit
- Orientierungsfähigkeit
- Kombinationsfähigkeit
- Reaktionsfähigkeit
- Geschicklichkeit
- Steuerungsfähigkeit

bessert. Ein sinnvolles Training muß demnach sowohl eine Steigerung der Kondition als auch eine Verbesserung der Technik mit einschließen. Das Erlernen von Bewegungsfertigkeiten im Voltigiersport setzt **zahlreiche motorische Fähigkeiten** voraus. **Konditionelle Fähigkeiten** können nur durch eine **systematische Steigerung der Belastungen** trainiert werden, die zu Anpassungsreaktionen von Herz und Kreislauf führen. **Alle in der Übersicht auf Seite 133 dargestellten koordinativen Fähigkeiten werden im Voltigieren in vielseitiger Weise als Ganzes gefordert.** Insbesondere an die **Gleichgewichtsfähigkeit** und an das **Orientierungsvermögen** werden höchste Ansprüche gestellt. Der Voltigierer muß seine Aufmerksamkeit zur Erhaltung des dynamischen Gleichgewichts stets auf das Pferd und die Übungsausführung gleichzeitig richten und sich ständig auf Lageveränderungen einstellen.

Gymnastische Vorbereitung

Grundsätze für die Durchführung der Gymnastik:

1 Für **Spiel- und Anfängergruppen** wird die Gymnastik überwiegend spielerische Formen für eine **allgemeine körperliche Grundausbildung** enthalten.

2 Bei **Turniergruppen** liegt der Schwerpunkt mehr auf einer speziellen Gymnastik mit der betonten Förderung auch der individuellen Fähigkeiten.

3 In der Beanspruchung der verschiedenen Muskelgruppen, in der Übungsausführung und -auswahl und den Ausgangsstellungen abwechseln.

4 Im Wechsel **lockern und dehnen.**

5 Für die Wirksamkeit der Übungen ist die richtige Ausführung mit der **Grundspannung** des ganzen Körpers wichtig.

6 **Kräftigungsübungen** sind nur bei entsprechender Wiederholungszahl wirksam (ca. 6–10).

7 Begonnen wird mit einem **Aufwärmteil** zu Anfang der Übungsstunde mit gymnastischen Übungen, die den ganzen Körper beanspruchen, um Herz und Kreislauf anzuregen.

8 Dann folgen gymnastische **Beweglichkeitsübungen.** Dehnungsübungen und Stretching sollen erst nach einer ausreichenden Erwärmung erfolgen und müssen mit einer entsprechenden Dauer durchgeführt werden (s. Seite 138).

9 Eine **spezielle Gymnastik** dient zur Vorbereitung auf die typische Beanspruchung im Voltigieren.

10 Besonders in der kalten Jahreszeit ist darauf zu achten, daß sich die Voltigierer während der Wartezeiten in der Übungsstunde **selbständig warmhalten.**

11 Als **Hilfsmittel** in der Reithalle können eingesetzt werden: Spring-seile, Longe, Bande, Cavaletti, Stangen, Übungspferd.

12 **Die beschränkte Zeit, die für eine Gymnastik am Anfang der Voltigierstunde zur Verfügung steht, reicht für einen optimalen Leistungsaufbau nicht aus.** Aus diesem Grunde werden ein Training zu Hause und zusätzliche Übungsstunden in der Turnhalle für Wettkampfgruppen oder Einzelvoltigierer notwendig.

Hier können nur einige Anregungen für eine Voltigiergymnastik gegeben werden. Für die allgemeine Gymnastik und für das Stretching ist empfehlenswerte Literatur am Ende dieses Buches angegeben.

Die Einbeziehung eines Gymnastikprogramms trägt dazu bei,
□ die Voltigierübungen auf dem Pferd leichter und schneller zu erlernen,
□ die Technik, Haltung und Ausführung weiter zu verbessern,
□ Verletzungen zu vermeiden,
□ Erfolgserlebnisse schneller zu erlangen und damit die Motivation zu erhöhen.

Aufwärmen in der Reithalle

Ein Aufwärmprogramm von ca. 15 Minuten zum Stundenbeginn muß eine Selbstverständlichkeit

sein, um die Voltigierer auf den Hauptteil der Übungsstunde optimal vorzubereiten und um Verletzungen vorzubeugen. Durch die Anregung des Kreislaufs wird eine bessere Durchblutung der Muskulatur erreicht, die Muskeln reagieren schneller und werden geschmeidiger. Erfahrene Voltigierer sollten in der Lage sein, sich durch entsprechende Übungen selbständig aufzuwärmen und auch jüngere Voltigierer dabei anzuleiten. Ideal ist es, wenn ein Helfer die Aufwärmgymnastik übernehmen kann, während das Pferd ablongiert wird. Alle Formen von Lockerungs-, Lauf- und Sprungübungen, Fang- und Voltigierspielen sowie das Einvoltigieren am Pferd (s. Seite 155) können in den Aufwärmteil der Stunde einbezogen werden. Vor einem Wettkampf ist es empfehlenswert, auch **Entspannungsübungen** mitaufzunehmen, um das »Lampenfieber« etwas zu dämpfen!

Hierzu einige Anregungen:

Gehen und Laufen

□ Gehen auf den Fußspitzen, auf der Ferse oder in der Hocke.
□ Gehen mit Rumpfbeugen vorwärts, dabei Arme vor- und zurückschwingen und wieder aufrichten.
□ Auf allen vieren vorlings oder rücklings gehen.
□ Verschiedene Laufformen: Laufen mit schnellem Knieheben (Skip-

pings), im Laufen die Fersen nach hinten hochziehen, im Lauf mit den Händen auf den Boden fassen, Laufen mit Tempowechsel oder Richtungswechsel auf ein Signal.

☐ Aus dem Lauf Schrittsprünge machen oder in die Hocke gehen und weiterlaufen.

☐ Überholen: Die ganze Gruppe läuft in einer Reihe hintereinander, jeweils der letzte Läufer spurtet auf Zuruf nach vorne und setzt sich an die Spitze.

☐ Slalomlauf: Die Gruppe läuft hintereinander auf Lücke. Der letzte Läufer beginnt einen Slalomlauf von hinten nach vorn usw.

☐ Kettenfangen: Zwei Läufer mit Handfassung versuchen die anderen zu fangen. Jeder, der gefangen ist, schließt sich dem Fängerpaar an, so daß sich eine Kette bildet, bis der letzte gefangen ist.

Springen und Hüpfen

☐ Einbeinig oder mit geschlossenen Beinen vorwärtshüpfen, Hüpfen im Galopprhythmus, Seitgalopp.

☐ Bockspringen: Hintereinander aufstellen, einer nach dem anderen springt von hinten über den Vordermann.

☐ Hopserlauf: Im Hüpfen fest vom Boden abdrücken und die Arme gegengleich nach oben schwingen.

☐ In verschiedenen Formen Seilspringen oder über eine gespannte Longe springen.

Übungen am Ort

☐ Kopf zur Seite neigen, Schulter dabei hochziehen; Kopf mit verschränkten Händen nach vorne ziehen.

☐ Schultern abwechselnd hochziehen und senken; zurück und nach vorne nehmen; Schulterkreisen.

☐ Mit geschlossenen Füßen auf der Stelle federn. Auf einem Bein stehen und Beinachterkreisen.

☐ Pendelschwung: Arme in Hochhalte, dann Arme vor-, tief- und rückschwingen, dabei mit den Knien mitfedern.

☐ Sprünge am Ort: Streck-, Hock-, Grätschsprünge.

Übungen mit Cavaletti

Cavaletti eignen sich gut als Turngerät und können wie eine Langbank sowohl zum **Aufwärmen,** zur **Gleichgewichts- als auch zur Kräftigungsschulung** verwendet werden.

Übungsvorschläge:

☐ Vorwärts, rückwärts, seitwärts und mit Drehungen über das Cavaletti balancieren.

☐ Über das Cavaletti gehen, mit den Knien tiefgehen und jeweils ein Bein nach vorn schwingen.

☐ Mit geschlossenen Beinen oder einem Bein abwechselnd über das Cavaletti springen.

☐ Treppenspringen: Aus dem Stand vor dem Cavaletti abwechselnd mit einem Bein auf das Cavaletti springen.

☐ Hockhüpfen: Mit beiden Beinen über das Hindernis springen und jedesmal bei der Landung in die Hocke gehen.

☐ Hockwendesprünge: Mit beiden Händen auf das Hindernis stützen und mit geschlossenen Beinen darüberspringen, dabei das Gesäß so hoch wie möglich bringen (s. Abb.).

☐ Überradeln: Sich mit den Armen abstützen und ein gestrecktes Rad über das Cavaletti ausführen.

☐ Aus dem Stütz auf dem Hindernis in den Handstand aufschwingen.

☐ Liegestütz vorlings: Beine auf die Cavaletti legen und Arme beugen und strecken.

☐ Seitenlage auf einem Ellbogen gestützt, das obere Bein auf dem Cavaletti, Körper anheben und senken.

☐ Liegestütz rücklings: beide Beine auf dem Cavaletti, Arme stützen auf dem Boden, Arme beugen und strecken.

☐ Gemeinsam Cavaletti oder Stangen hochstemmen.

☐ Huckepack/Schultersitz (Übung für Unterleute): Mit dem Partner im Huckepack oder auf der Schulter über das Cavaletti steigen.

Spezielle Gymnastik

Die Übungsauswahl umfaßt die Schwerpunkte Koordination und Gleichgewicht, Beweglichkeit und

Mit Hockwendesprüngen über das Cavaletti wird die Stützkraft trainiert.

Hauptanforderungen von Voltigierübungen								
Anforderungen	Aufgänge	Grund-sitz	Fahne	Mühle	Schere	Stehen	Flanke/Abgänge	Kür-übungen
Gleichgewichtsfähigkeit		X	X	X		X		X
Koordination	X			X	X		X	X
Schulterbeweglichkeit			X		X			X
Hüftbeweglichkeit	X	X	X	X	X		X	X
Spreizfähigkeit vorwärts	X			X	X			X
Spreizfähigkeit seitwärts	X			X	X			X
Rumpfstabilität		X	X		X	X	X	X
Kraft: Bauchmuskulatur				X	X			X
Stützkraft	X		X		X		X	X
Schnellkraft	X				X		X	X
Sprungkraft	X						X	X

Spreizfähigkeit, Stützkraft, Sprung- kraft und Rumpfstabilisierung. Einen Überblick über die Hauptanforde- rungen bei den Pflichtübungen gibt obige Tabelle.

Verbesserung von Koordi- nation und Gleichgewicht

Übungsbeispiele

☐ Stehen mit geschlossenen Augen auf einem Bein; mit geschlossenen Augen aus dem Hockstand in den Ballenstand aufrichten.
☐ Sprünge mit einem Bein; Knie- beugen mit einem Bein.
☐ Drehsprünge, Schrittsprünge.
☐ Standwaage auf dem Boden und auf dem Cavaletti (s. Abb. rechts oben); Fahne mit dem rech- ten und dem linken Bein.

☐ Standwaagen mit Vorschwingen eines Beines und dabei eine halbe Drehung im Ballenstand ausführen.
☐ Verschiedene Stände oder Balan- cieren auf kleineren Flächen und Geräten wie Cavaletti, Stangen, Übungspferd, Schwebebalken.

Verbesserung der Beweg- lichkeit durch Stretching

Gymnastikübungen, die unter Berücksichtigung von funktionell- anatomischen Gesichtspunkten nach dem Prinzip des **sanften, gehaltenen Dehnens** ausgeführt werden, nennt man Stretching. Unterschieden wird dabei zwischen aktivem, selbstgesteuertem und pas- sivem Dehnen mit Partnerhilfe. Eine ähnliche Methode ist das Anspan- nungs-Entspannungs-Dehnen, das sich wie das Stretching deutlich von

Besonders gut eignet sich das Cavaletti zur Schulung des Gleichgewichtsgefühls.

dem viel verbreiteten dynamischen Dehnen mit Wippen und Nachfedern abgrenzt.

Wichtigste Grundregel: Immer langsam die angestrebte Dehnposition einnehmen und diese ca. 10 Sekunden halten, dann vorsichtig wieder lösen. 2–3 Wiederholungen steigern die Wirkung.

Übungsbeispiele

Dehnung der Arm- und Schultermuskulatur

☐ Stand oder Schneidersitz, einen Arm angewinkelt hinter den Kopf nehmen, die andere Hand drückt den Ellbogen nach hinten-unten.

☐ Grätschstand: Hände auf dem Rücken verflechten, Oberkörper vorbeugen und die gestreckten Arme so weit wie möglich nach vorneoben führen, auch mit Partnerhilfe.

☐ Aus der Bankstellung Arme ausstrecken und Schultergürtel langsam nach unten ziehen.

☐ Partnerübung: Der dahinter stehende Partner zieht die Ellbogen nach hinten oben, Rücken und Becken dabei aufrichten.

Dehnung der Rückenmuskulatur und Beweglichkeit der Wirbelsäule

☐ Im Stand Oberkörper nach vorn beugen, mit der linken Hand an den rechten Fuß fassen (und umgekehrt), den Arm möglichst weit nach hinten-oben ziehen.

☐ Rumpfverwringung: Strecksitz linkes Bein über das rechte schlagen, rechter Arm stützt gegen das Knie, linken Arm aufstützen und Rumpf und Kopf nach hinten drehen. Rücken und Becken aufrichten (s. Abb. Seite 140).

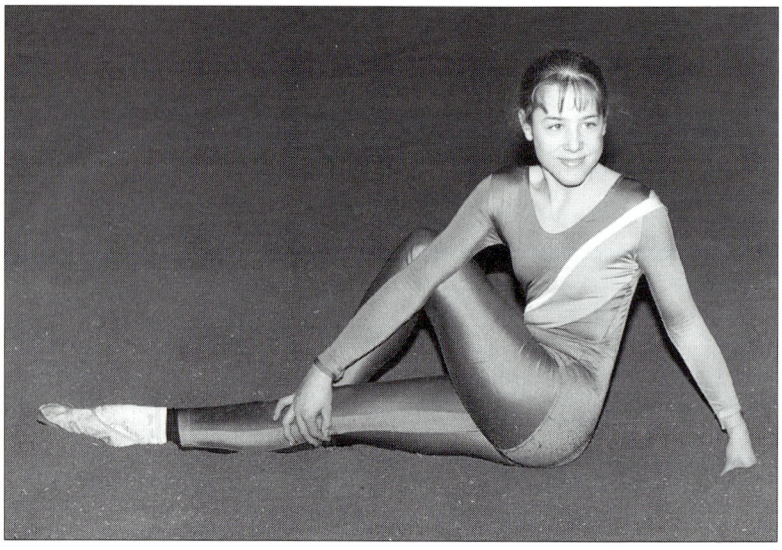

Diese Stretchingübung verbessert die Beweglichkeit der Wirbelsäule.

Verbesserung der Spreizfähigkeit und Hüftbeweglichkeit

☐ Im Kniestand Hüfte nach vorne schieben, Bein beugen und Ferse Richtung Gesäß ziehen. Nicht mit der Hüfte ausweichen.

☐ Sitz, Fußsohlen gegeneinanderlegen und mit beiden Händen die Knie nach unten drücken.

☐ An der Bande oder Stange festhalten und ein Bein so weit wie möglich nach oben, vorne oder hinten führen und halten.

☐ Querspagat mit weitem Seitbeugen des Oberkörpers.

☐ In Rückenlage ein Bein am Boden liegen lassen und das andere Bein gebeugt am Oberschenkel zum Körper ziehen und langsam strecken.

Kräftigung und Rumpfstabilisierung

Übungsbeispiele

Verbesserung der Stützkraft

☐ Knieliegestütz: Aus der Bank mit verschränkten Beinen Arme beugen und strecken.

☐ Aufschwingen in den Handstand gegen einen Partner, der die Beine festhält. Arme im Handstand beugen und strecken.

☐ Im Handstand oder Liegestütz mehrmals mit den Händen vom Boden abdrücken.

Kräftigung der Rückenmuskulatur und Hüftbeugemuskulatur

☐ Aus der Bank abwechselnd ein Bein anhocken, dann Arm und Bein bis zur Waagrechten strecken. Gestrecktes Bein nicht ausdrehen.

☐ Aus der Bankstellung den Rumpf heben zum Katzenbuckel, Kinn an die Brust und Senken des Rumpfes ins Hohlkreuz, Kopf dabei zurücknehmen.

☐ Bank rücklings, Becken heben und ein Bein waagrecht anheben.

☐ Im Strecksitz die Beine heben und senken oder scheren.

☐ Bauchlage auf die Unterarme gestützt, ein Bein langsam anheben, und halten (s. Abb. unten).

☐ Partnerübung: Die Fußgelenke werden von einem Partner festgehalten. Der Oberkörper wird langsam bis zu dem Punkt nach vorne gesenkt, solange es noch gelingt, die Wirbelsäule geradezuhalten. Die Übung wird durch ein wechselseitiges Drehen des Oberkörpers noch erschwert.

Bauchmuskulatur

☐ In der Rückenlage Unterschenkel parallel zum Boden anheben, die Hände hinter dem Kopf verschränken und mit dem Oberkörper langsam über die Wirbelsäule nach oben ziehen.

☐ Partnerübung: Ein Partner in Rückenlage hält sich mit beiden Händen an dem stehenden Partner fest und zieht seine Knie vom Boden weg nach oben.

Partnerübungen zum Training der Körperspannung für Gruppenkürübungen

☐ Schubkarrenlaufen: Rücken- und Bauchmuskulatur anspannen.

☐ Toter Mann: Ein Voltigierer läßt sich mit gestreckten und angespanntem Körper von einem Partner im Wechsel zum anderen fallen, die ihn wieder zurückstoßen. Vorwärts

Diese Übung zur Rumpfstabilisierung verbessert die Körperspannung.

oder seitwärts ausführen, Körperspannung beibehalten!

☐ Liegestütz rücklings: Ein Partner hebt den anderen an den Füßen in den Liegestütz, bis dieser mit völlig gespanntem Körper in der Waagrechten liegt. Variation: Der Partner wechselt mit einer Drehung vom Liegestütz rücklings zum Liegestütz vorlings.

☐ Zwei Partner tragen einen dritten: Der Vordere faßt ihn an den Beinen, der hintere unter der Schulter. Entweder vorlings oder rücklings ausführen.

☐ Toten Mann tragen: Zwei Partner heben einen mittleren Partner mit Stützgriff am Oberarm hoch und tragen ihn einige Meter. Beide Partner müssen gleichzeitig anheben!

Für die **Verbesserung der Sprung- und Beinkraft** eignen sich alle Sprungübungen (s. Seite 136/137).

Ausbildungsstufen im Training

Bedingt durch die zeitliche Begrenzung des Voltigierens im Gruppensport auf 18 Jahre, gehört das Voltigieren zu den Sportarten mit frühem Leistungsanstieg. Dies bedeutet für den Wettkampfsport, daß die Voltigierer eine Reihe von Lernvorgängen schon früh bewältigen müssen. In einer Voltigiergruppe trainieren gewöhnlich Kinder und Jugendliche verschiedener Altersstufen und Ent-

wicklungsstands zusammnen. Deshalb muß der Ausbilder Kenntnisse über den Entwicklungsstand der Voltigierer in den einzelnen Altersstufen besitzen und diese bei einem langfristigen Trainingsaufbau berücksichtigen.

Anfängerstufe – Grundlagentraining

(Altersstufe 6–9 Jahre)

Kennzeichen

Bestes Anfangsalter zum Voltigieren. **Großer Bewegungsdrang** und hohe Begeisterungsfähigkeit; gute motorische Lernfähigkeit und Beweglichkeit, rasche Entwicklung koordinativer Fähigkeiten, wechselnde Konzentrationsfähigkeit, beschränkte Trainierbarkeit von Kraft.

Schwerpunkte des Trainings

● Erlernen des Umgangs mit dem Pferd, Überwindung von Angst, Aufbau von Vertrauen zum Pferd.

● Erstes Helfen bei der Vorbereitung und dem Führen des Pferdes unter Anleitung.

● **Vielseitige, abwechslungsreiche, sportliche Grundausbildung,** Schulung der koordinativen Fähigkeiten, allgemeine Kräftigung, Grundlagenausdauer und Beweglichkeit, allgemeine Gymnastik.

● Sammeln der ersten grundlegenden und **vielseitigen Bewegungserfahrungen** mit dem Pferd.

- Schulung des **Bewegungsgefühls** und des **Gleichgewichts** durch einfache Gewöhnungsübungen, Anpassung an den Rhythmus der Bewegungen des Pferdes im Schritt und im Galopp.
- Erlernen der Grundübungen und -techniken (Grobform), einfache Übungsformen im Halten, im Schritt und im Galopp mit und ohne Hilfestellung.
- Erste Grund- und Pflichtübungen im Galopp.
- Einfache Kürformen im Halten und im Schritt (s. Seiten 98 u. 118).
- Sturzschulung: Niedersprünge, Wenden, Fallen und Landen üben.
- Bewegungsverständnis entwickeln, die wichtigsten Übungen kennenlernen, gemeinsame einfache Aufgaben bewältigen.

Fortgeschrittenenstufe – Aufbautraining

(Altersstufe 9–12 Jahre)

Kennzeichen

Bestes motorisches Lernalter zum Erlernen schwieriger Bewegungsabläufe, schnelles »Lernen auf Anhieb« und durch Nachahmung. Das Muskel- und Nervensystem ist soweit ausgereift, daß feine koordinierte Bewegungen möglich sind. Hohe Körperbeherrschung und Gleichgewichtsfähigkeit, große Beweglichkeit, Mut und große Risikobereitschaft, hohe Motivation, gutes Gruppenverhalten.

Schwerpunkte des Trainings

- Mithilfe bei der Vorbereitung und Pflege des Pferdes.
- Weiterentwicklung der koordinativen und konditionellen Fähigkeiten.
- **Zielgerichtetes Üben, Verbessern und Festigen der Techniken der Grund- und Pflichtübungen im Schritt und Galopp.** Die grundlegenden Techniken sollten in dieser Altersstufe schon bis zur Feinform erlernt werden.
- **Erweitern und Variieren** der Kürformen im Schritt und im Galopp, Aufbau von Partner- und Gruppenübungen.
- Erstes Erproben des eigenen Könnens in spielerischen Wettkämpfen oder Nachwuchsturnieren (Leistungsklasse CN und C) zum Sammeln der ersten Wettkampferfahrungen.
- Erwerben von grundlegenden Theoriekenntnissen, wie über Wettkampfregeln und Richtlinien.
- Erwerb des Voltigierabzeichens in Bronze.

Fortgeschrittenenstufe – Leistungstraining

(Altersstufe 12–16 Jahre)

Das Leistungstraining hat zum Ziel, die im Nachwuchs- und Aufbautraining erworbenen Fertigkeiten und Fähigkeiten zur höchstmöglichen Leistung im Turniersport zu führen.

Kennzeichen

Beschleunigte körperliche Entwicklung, Disharmonie der Körperproportionen, verbesserte Trainierbarkeit von Kraft und Kondition, Drang nach Eigenverantwortung und Selbständigkeit, **Lernen durch Einsicht und mit Verstand.** Aktive Mitgestaltung z. B. in der Kür durch eigene Beiträge und Ideen. Wenn das Training in dieser Phase regelmäßig durchgeführt wird, kann während der kritischen Pubertätszeit ein Leistungseinbruch verhindert werden.

Schwerpunkte

● Weitgehend selbständige Vorbereitung und Pflege des Pferdes.

● Mithilfe bei der Vorbereitung des Pferdes für Turniere.

● Befähigung zur Selbstkorrektur und zur eigenen Bewegungsgestaltung.

● Zunahme der Trainingsbelastung und -intensität durch gezieltes Konditionstraining.

● Erhaltung und Festigung der Koordinationsfähigkeit und aller erlernten Fertigkeiten.

● **Technische Feinstformung:** Detailschulung, Festigen und Verbessern von Einzelelementen der Pflicht, Variieren und Erschweren von sicher beherrschten Übungen im Galopp sowie Erweiterung der Kürformen durch neue Bewegungstechniken und -einfälle.

● **Vermehrtes individuelles Training,** mehr auf den einzelnen abgestimmtes Konditionstraining und Techniktraining (spezielle Verbesserung der Pflicht und Spezialübungen in der Kür), spezielles Gymnastikprogramm.

Die Leistungsfähigkeit des einzelnen kann nun auch im Einzelvoltigieren bis ins Erwachsenenalter besondere Berücksichtigung finden.

● **Erwerb des Voltigierabzeichens in Silber.**

● **Verbesserung des Zusammenspiels der Gruppe bzw. des Einzelvoltigierers mit dem Pferd** sowie Verfeinerung der Zusammenarbeit der Gruppe untereinander bis zur Perfektion.

● **Festigung des Leistungsstands** und zunehmende Bewegungssicherheit. Stabilisierung und Automatisierung der Bewegungen, Anpassung an veränderte Bedingungen in Wettkampfsituationen.

● Abstimmung der sportlichen Form auf Wettkampftermine: **Spezielles Training für die erhöhten Anforderungen im Wettkampf.**

● Unter Wettkampfbedingungen und wechselnden Situationen sollen die Bewegungsabläufe immer stabiler werden und somit eine hohe Reaktions- und Anpassungsfähigkeit erreicht werden.

Jahresplanung für das Training

Kaum ein Sportler ist in der Lage, das ganze Jahr über in Topform zu sein; vielmehr unterliegt seine Leistungsfähigkeit gewissen Schwankungen. Worauf es ankommt, ist, daß die sportliche Höchstform zum richtigen Zeitpunkt – z. B. bei einem Turnier – erreicht wird. Turniergruppen und Einzelvoltigierer, die regelmäßig Wettkämpfe besuchen und Erfolge bei Turnieren anstreben, kommen ohne einen Trainingsplan nicht aus.

Beim Voltigieren ist eine sorgfältige Planung gerade deshalb unerläßlich, da alle drei – Pferd, Voltigierer und Longenführer – zum selben Zeitpunkt für entscheidende Wettkämpfe ihre Bestform finden müssen.

Ausgangspunkt für eine Trainingsplanung sind
☐ der gegenwärtige Leistungs- und Trainingsstand,
☐ der Wettkampfkalender mit den Terminen für Qualifikationen, Sichtungen und Meisterschaften.
Die **Zielsetzung** des Trainings ist das Erreichen von
☐ bestimmten Wertnoten,
☐ bestimmten Plazierungen,
☐ einem Aufstieg in eine höhere Wettkampfklasse,
☐ eine Qualifizierung für Landesbzw. Bundesmeisterschaften.

Trainingsperioden

Eine Trainingsplanung gliedert sich in die folgenden drei Trainingsperioden, wobei in jedem Abschnitt unterschiedliche Schwerpunkte vorherrschen:

Vorbereitungsperiode
Dezember–April
● Aufstellung einer festen Mannschaft für Gruppenwettbewerbe: Durch das Ausscheiden der Voltigierer mit Erreichen der Altersgrenze erneuert sich eine Leistungsgruppe von Jahr zu Jahr; deshalb muß sie jetzt wieder zu einer harmonischen Mannschaft zusammenwachsen.
● Individuelle Verbesserung in den Pflichtübungen.
● Erlernen und Ausprobieren neuer Kürübungen.
● Zusammenstellung einer Kür mit Erarbeitung eines festen Kürprogramms für die kommende Saison.
● Allgemeines und spezielles Konditionstraining.
● Besuch von Lehrgängen.
● Erste Wettkämpfe im Jahr zur Leistungskontrolle (Aufbauwettkämpfe).

Wettkampfperiode
April–September
Die Sommerferien können diese Trainingsphase zeitweilig unterbrechen. Die Wettkampfperiode dient dem Techniktraining.
● Training der gesamten Pflicht und Kür nach Zeit unter Wettkampfbedingungen.

145

● Bewegungsgenauigkeit und Konstanz, Stabilisierung der Bewegungstechnik in Pflicht und Kür.

● Feinere Verbesserungen in der Kürgestaltung.

● Erreichen eines optimalen Zusammenspiels von Gruppe, Longenführer und Pferd.

● Entwickeln von Wettkampfstabilität, verbesserte Routine, Abbau von Nervosität vor einem Turnierstart.

● Auswertung der Wettkampfergebnisse für das laufende Training.

● Evtl. Trainingslager vor wichtigen Wettkämpfen.

Übergangsperiode
Oktober und November

Diese Etappe dient der Entspannung und Erholung. Sie enthält keine wichtigen Wettkampftermine und ist gekennzeichnet durch:

● Reduzierung des Trainings, geringere Belastung,

● Ausgleich, spielerisches Üben

● zur Auflockerung und Abwechslung u. a. mit Ausgleichssportarten und gemeinsame Unternehmungen.

Eine langfristige Trainingsplanung beschränkt sich nicht nur auf ein Jahr, besonders dann, wenn sich eine Turniergruppe noch im Aufbau befindet und als Fernziel der Aufstieg in die Abteilung A angestrebt wird. Es ist ein großer Vorteil, wenn ein Verein mehr als eine Turniergruppe hat; so können laufend Voltigierer mit Wettkampferfahrung aus den unteren Wettkampfgruppen in die besseren Gruppen aufrücken.

Der Voltigier-
unterricht

Wie in keiner anderen Sportart
kommt es im Voltigierunterricht auf
das optimale Zusammenwirken von
Gruppe, Pferd und Longenführer
an. Je feiner diese Wechselbezie-
hungen aufeinander abgestimmt
sind, desto **zielgerichteter und
effektiver** wird eine Übungsstunde
verlaufen. Der Übungsleiter hat
dabei vielerlei Aufgaben zu
erfüllen:

● Lernziele und Lehrwege auswählen: Was soll in der Stunde wie
erreicht werden?

● Das Pferd korrekt longieren und
sinnvoll einsetzen.

● Die richtige Organisationsform
für die verschiedenen Aufgaben
finden.

● Den Unterrichtsablauf so leiten,
daß er stets den Überblick über alle
Voltigierer und das Pferd behält.

● Das Verhalten und die Fortschritte
der Voltigierer stets im Unterrichts-
geschehen miteinbeziehen.

● Den Unterricht vielseitig, freudvoll
und erlebnisreich gestalten.

● **Bewegungsaufgaben** stellen,
erklären und korrigieren.

Die Übungsmöglichkeiten sind von
den Eigenschaften des Pferdes und
seiner Belastbarkeit abhängig.
Daher muß es stets in die Planung
einbezogen werden.

Lernziele

Der Übungsleiter kann seinen Unterricht nur vorbereiten und planen,
wenn er sich vorher Gedanken darüber gemacht hat, **was** er in seinem
Unterricht erreichen möchte. Je
genauer er seine Voltigierer kennt,
desto besser kann er die Zielsetzung seines Unterrichts darauf
abstimmen. **Lernziele dienen
als Leitlinien im Unterricht** und
beschreiben zum Beispiel, was die
Voltigierer am Ende einer Übungsstunde oder nach einer längeren
Zeitspanne können sollten.
Lernziele beziehen sich nicht nur auf
Bewegungsfertigkeiten, sondern sie
schließen auch **psychische, kogniti-
ve und soziale Fähigkeiten** mit ein.
Demnach sollte der Übungsleiter
nicht nur auf die Vermittlung von
sportlichem Können Wert legen,
sondern auch die **erzieherischen
Möglichkeiten** dieses Sports nutzen.

Lehrmethoden

Unter Methodik versteht man die
Lehrweise des Unterrichtens. Sie
fragt danach, **wie Lerninhalte vermittelt werden** und richtet sich an
den angestrebten Lernzielen und
Lerninhalten aus. Durch **planmäßiges, stufenweises Steigern der
Anforderungen in Lernschritten
werden Übungsformen erlernt**
(s. auch Seite 44 ff.). Dazu gibt es
allgemeine bewährte Grundsätze:

- Das Vorgehen erfolgt von bekannten zu unbekannten Bewegungsabläufen.
- Von der leichten Übung geht es zur schweren, von der einfachen zur komplizierten;
- von der Grobform zur Feinform.

Man unterscheidet im Unterricht hauptsächlich zwei Lehrverfahren:

1. Durch Vormachen, Vorzeigen, Erklären oder Beschreiben vermittelt der Ausbilder eine **Bewegungsvorstellung** von den Übungen, die durchgeführt werden sollen.
2. Der Übungsleiter stellt eine **Bewegungsaufgabe.** Die Voltigierer sollen selbst zweckmäßige Lösungen finden.

Im Voltigieren wird man anfangs die erste Methode einsetzen, um die Grundlagen der Pflicht in Lernschritten zu erarbeiten. So wird die eine Übungsaufgabe am leichtesten erfaßt und für den Sportler nachvollziehbar; dabei werden die **Hauptpunkte eines Bewegungsablaufs** herausgestellt. Schwierige Bewegungsabläufe müssen oft mehrmals verdeutlicht und wiederholt werden. Fortgeschrittenen können Bewegungsaufgaben z.B. beim Entwickeln von Kürübungen gestellt werden, für die sie eigene Wege ausprobieren und finden sollen.

Ein Sportler kann eine Übungsaufgabe dann richtig ausführen, wenn er sie verstanden hat. Er muß

- eine Bewegungsvorstellung vom Ablauf der Übung haben, die er ausführen soll;
- die Erklärungen und Anweisungen auch verstehen, die ihm der Übungsleiter gibt.

Im Einzelvoltigieren kann vermehrt die Fachsprache verwendet werden. Anweisungen und Korrekturen während des Übens sind am wirksamsten, wenn sie **klar, unmittelbar, kurz und treffend** angebracht werden.

Obwohl in den Vereinen die Voltigiergruppen im allgemeinen nach ihrem Können eingeteilt werden, findet ein Übungsleiter selten eine einheitliche Gruppe vor. Es ist nicht ungewöhnlich, daß Kinder und Jugendliche verschiedener Altersstufen, Jungen und Mädchen, Anfänger und Fortgeschrittene in einer Gruppe zusammengefaßt sind. Ein guter Ausbilder muß in seinem Unterricht all diesen Voraussetzungen Rechnung tragen; darüber hinaus kann er abschätzen, welche differenzierten Anforderungen er jedem einzelnen Voltigierer zu stellen vermag.

Wenn eine Schwierigkeit gemeistert ist, sollte dieser Lernfortschritt auch durch Lob bestätigt werden. Dies spornt die Voltigierer dazu an, wiederum weitere Aufgaben zu bewältigen, und führt so zu weiteren

Erfolgserlebnissen. Stets sollte das Positive anerkannt und herausgestellt werden, auch wenn nur ein kleiner Fortschritt erreicht worden ist. Stellt man fest, daß ein Voltigierer einer Aufgabe nicht gewachsen ist, so greift man lieber wieder auf einfachere Lernschritte oder Bewegungsaufgaben zurück.

Die Methodik des Unterrichtens ist die Kunst, gerade die nächstmögliche Stufe mit Erfolgsaussicht zu verlangen, ohne die Sportler zu überfordern!

Wie werden Bewegungsfehler korrigiert?

Um Fehler genau korrigieren zu können, ist es ein großer Vorteil, wenn der Ausbilder selbst voltigiert hat und seine eigenen Bewegungserfahrungen einbringen kann. Dazu braucht er eine **genaue Kenntnis der Bewegungsabläufe** und viel Übung im »Bewegungssehen«. Er muß die Fähigkeit haben, Bewegungen zu analysieren und Fehler zu erkennen, sowie zwischen Nebenfehlern und Hauptfehlern unterscheiden können.

● Oft liegt es an den fehlenden körperlichen und koordinativen Voraussetzungen, daß Fehler beim Bewegungslernen auftreten. Kann

sich der Voltigierer z. B. bei der Wende nicht genügend mit den Armen abdrücken, so muß die Stützkraft der Arme speziell durch Gymnastikübungen trainiert werden.

● Beim Auftreten von mehreren Fehlern muß der Ausbilder **die Ursache des Hauptfehlers erkennen und mit gezielten Bewegungsanweisungen** Lösungswege zur Behebung des Hauptfehlers geben können. Dadurch werden meistens andere kleinere Fehler gleich mitbeseitigt.

● Bewegungskorrekturen stets mit praktischen Übungen verbinden!

● Immer nur einen Fehler korrigieren; **mehrere Fehler werden nacheinander verbessert:** erst die groben, dann die feinen Fehler.

● Sollten sich bei einer Aufgabe bei den meisten Voltigierern dieselben Fehler zeigen, so wird die ganze Gruppe anschließend **zusammen korrigiert.**

● **Einzelkorrekturen** werden gegeben, wenn ein Fehler während des Übens nur bei einzelnen Voltigierern auftreten.

● Einfachere Vorübungen und das **Zerlegen einer Übung in Teilbewegungen** helfen, technische Fehler zu beheben.

● Haltungsfehler lassen sich am besten im Halten oder am Übungspferd vor dem Spiegel korrigieren.

Unterrichtsplanung

Da die Unterrichtszeit meistens zu kurz und das Pferd nur begrenzt belastbar ist, muß die Übungsstunde straff und gut durchdacht organisiert sein. Im Gruppenunterricht entstehen zwischen den Übungszeiten des einzelnen immer Pausen. Während höchstens drei Voltigierer gleichzeitig auf dem Pferd üben können, müssen die anderen warten oder durch **Zusatzaufgaben** beschäftigt werden. Die effektive Übungszeit innerhalb einer Stunde ist für jeden ziemlich kurz bemessen. Deshalb sollte besonders bei Anfängern ein Kind nicht zu lange allein auf dem Pferd bleiben, sondern lieber später noch einmal an die Reihe kommen. Besonders Kinder achten darauf, wie oft und wie lange jeder auf dem Pferd sein durfte; deshalb sollte ihnen allen annähernd die gleiche Übungszeit eingeräumt werden!

Für ihre Freude am Voltigierunterricht ist für die Kinder hauptsächlich die reine Übungszeit auf dem Pferd ausschlaggebend!

Tips für den Unterrichtsablauf

● Alter, Entwicklungs- und Ausbildungsstand stets berücksichtigen.

● Die Grundstruktur einer Übungsform sorgfältig und korrekt erarbeiten. Späteres Umlernen ist immer viel mühsamer!

● Durch häufiges Üben und Korrigieren allmählich die Bewegungen von der Grobform zur Feinform hin entwickeln und durch ständige Wiederholung verbessern und festigen.

● Klare Bewegungsvorstellungen durch anschauliche Erklärungen oder Demonstrationen vermitteln.

● Vielseitig und abwechslungsreich üben lassen, um das Interesse und die Motivation wachzuhalten.

● Eine breite Übungsbasis legen und frühe Spezialisierungen auf alle Fälle vermeiden.

● Kurze, knappe und anschauliche Anweisungen geben.

Unterrichtsorganisation

Von seinem Standort in der Mitte des Zirkels muß der Ausbilder sein Pferd im Auge behalten, gleichzeitig aber auch Anweisungen an die übenden Voltigierer und die außerhalb des Zirkels wartenden Voltigierer geben, ohne die Gesamtübersicht zu verlieren. Das Einlaufen in die Zirkelmitte erfolgt grundsätzlich erst, wenn das Pferd an der Gruppe vorbei ist. In der Zirkelmitte sollten sich nie mehr als drei Voltigierer befinden, da der Longenführer sonst beim Longieren gestört wird. Zum Erklären und Demonstrieren von Übungen stellen sich die Voltigierer links vom Pferd in einem Halbkreis auf, damit jeder den Bewegungsablauf beobachten kann. Dabei ist vor allem auf einen Sicherheitsabstand zum Pferd zu achten. Im folgenden einige Ratschläge für einen **effektiveren** Unterrichtsverlauf:

● Die **Aufstellung** der Voltigierer muß nicht der Größe nach erfolgen. Die Reihenfolge der Voltigierer sollte vielmehr leistungsmäßig so festgelegt werden, daß durch unterschiedliches Können bedingte Schrittphasen und Galopp-Phasen zusammengelegt werden können.

● Jeder Voltigierer muß wissen, wann er an der Reihe ist. Jeder muß aufmerksam beobachten, was auf dem Pferd geschieht, um rechtzeitig wieder bereitzustehen.

● Unnötige Verzögerungen können vermieden werden, wenn der nächste Voltigierer rechtzeitig zum Aufsprung anläuft, während der übende Voltigierer auf dem Pferd zum Abgang ansetzt.

● Einfache Übungsformen sollten bald partnerweise durchgeführt werden, damit die Voltigierer schneller an die Reihe kommen. Sie machen den Kindern besonders viel Spaß und bereiten sie gleichzeitig auf die Kürübungen vor. Es muß jedoch vorher ausgemacht werden, wer welchen Partner für eine Übung wählt.

● Nach jedem Üben sollen die Voltigierer noch um den Zirkel herum an ihren Platz laufen und nicht den Weg dorthin abkürzen; so bleiben sie länger in Bewegung.

Aufbau einer Übungsstunde

In der Übungsstunde sind die Übungen nicht beliebig aneinanderzureihen, sondern der Ablauf der Stunde sollte vorher festgelegt und auf einen **Unterrichtsschwerpunkt** ausgerichtet werden. Dies erfordert vom Voltigierausbilder eine **vorherige Planung der Übungsstunde.** Die Stunde darf jedoch nicht nach einem starren Schema ablaufen, sondern richtet sich an der Unterrichtssituation und den Lernerfolgen aus.

Der Voltigierunterricht

Bei Anfängergruppen wird die meiste Übungszeit im Schritt oder am stehenden Pferd in Anspruch genommen, während bei Fortgeschrittenen- und Turniergruppen die Galopparbeit überwiegt. Die Galopp-Phasen werden durch Schrittpausen unterbrochen, um Korrekturen anzubringen, Übungen zu festigen oder neue Übungen einzuüben. Je nach Kondition und Ausbildungsstand des Pferdes sind den

Trainingsmöglichkeiten im Galopp Grenzen gesetzt, die **mehr als 15 Minuten Dauergalopp nicht überschreiten** sollten.

● Am Anfang der Stunde nach dem Aufwärmen sollen Geschicklichkeits-, Schnelligkeits- und Reaktionsübungen folgen.

● Das Lernen neuer Übungsformen (koordinativ-technische Schulung) muß stets vor der konditionellen Schulung kommen. Die Technik-

Stundengliederung		
Einleitung 10–15 Minuten	**Hauptteil ca. 30 Minuten**	**Schlußteil 10–15 Minuten**
● Pferd: Ablongieren auf beiden Händen. ● Ausrüstung überprüfen, nachgurten. ● Voltigierer: Aufwärmen durch Lauf- und Sprungübungen. ● Vorbereitende Gymnastik am Boden und an Cavaletti. ● Einvoltigieren im Galopp mit schnellen Auf- und Absprüngen oder einfachen Grundübungen. ● Einstimmen auf das Hauptziel der Unterrichtsstunde im Hauptteil durch spezielle Gymnastik.	Inhalte und Aufgaben von Übungsstunden können u.a. je nach Leistungsniveau umfassen: ● Erlernen neuer Übungsformen. ● Wiederholen und Üben von bereits bekannten Pflicht- und Kürtechniken. ● Korrigieren und Ausprobieren von Übungsformen am Übungspferd entsprechend den Bewegungsaufgaben am Pferd. ● Festigen und Verfeinern bereits bekannter Übungsformen. ● Erfinden neuer Ideen für Kürübungen. ● Gestalten und Variieren von Übungsverbindungen und -kombinationen für die Kür. ● Training unter Wettkampfbedingungen als Vorbereitung für ein Turnier.	Der Stundenabschluß dient zur Auflockerung. Die Stunde endet mit einer Schrittphase oder einer kurzen Abschlußübung im Halten. ● Belastungswechsel: Auflockern und Beruhigen: einfache Übungen erfinden, Voltigierspiele, Übungen nach freier Wahl usw. ● Abschlußgespräch und Auswertung des Stundenverlaufs. ● Pferdedienst: Ausbinder des Pferdes lösen, Gurt lockern, im Winter Decke auflegen, Pferd trockenführen und ohne Sattel trockenreiten und versorgen. ● Hufschlag ebnen, Ausrüstung aufräumen.

schulung in der Pflicht oder das Ausführen von schwierigen, akrobatischen Kürformen verlangt ein hohes Maß an Konzentration und führt zu schnellerer Ermüdung.

● Um einem einseitigen Training entgegenzuwirken, sollte auch auf der rechten Hand voltigiert werden; das ist für Pferd und Voltigierer von Vorteil.

● Partnerübungen nicht zu Beginn der Galopparbeit ausführen, da die Belastung des Pferdes allmählich gesteigert werden soll.

● Übungen im Halten kommen nicht unmittelbar nach einer Galopp-Phase, vielmehr erst eine Schrittphase anschließen.

Anregungen für die Praxis

Einfache Grundübungen für den Anfang

Die folgenden Vorübungen eignen sich für den Anfänger als erste **Gewöhnungsübungen** an die Gangarten Schritt und Galopp.

● Sitz mit angefaßten Griffen, Grundsitz mit einer Hand, Rumpfdrehen.

● Im Sitz auf den **Pferderücken** zurücklegen, Arme hängen lassen und wieder vorbeugen zum Sitz.

● Im Sitz vorbeugen und das Pferd am **Pferdehals** umfassen.

● Verschiedene **Lockerungsübungen im Sitz** wie bei den Lernschritten auf Seite 56, auch im Sitz vw/rw vor dem Gurt.

● Aus dem Sitz über die **Kruppe** nach hinten abrutschen.

● Schneidersitz angefaßt oder einarmig.

● Sitz, das linke oder rechte Bein über den Pferdehals zum **Innensitz/Außensitz** führen und wieder zurück zum Sitz. Mehrmals abwechselnd mit beiden Beinen üben.

● **Halbe Mühle** (nach innen oder außen) zum Rückwärtssitz und zurück zum Sitz.

● Aus dem Sitz rückwärts **Bocksprung** über die Kruppe.

● Aus dem Innensitz auf den Pferdehals drehen zum Sitz rückwärts.

● Bank, Knien, Fahne, Knie- und Hockstand vorwärts mit angefaßten Griffen.

● Im **Hockstand** auf- und niederfedern, Füße bleiben auf den ganzen Fußsohlen, nun im Hockstand auf die Arme stützen, mit den Füßen abdrücken und in den Innen- oder Außensitz gleiten.

● Balanceübung: Aufstehen und Kniebeugen im Schritt.

Mit zunehmender Bewegungssicherheit werden die Übungen allmählich erschwert: Arme loslassen und in die Seithalte nehmen, die Übungen rückwärts oder seitwärts, zu zweit und zu dritt durchführen.

Sehen Sie für weitere einfache Übungsmöglichkeiten auch im Pflichtkapitel unter den Lernschritten nach.

Voltigierspiele

Mit den unterschiedlichsten Formen von Bewegungsspielen lassen sich Voltigierstunden auflockern und abwechslungsreich gestalten. Vor allem Anfänger und kleinere Voltigierkinder haben großen Spaß an allerlei Spielformen und erfinden gerne immer neue Varianten. Pferde, die diese Art von Bewegungsformen noch nicht kennen, müssen allmählich daran gewöhnt werden. Hier als Anregung einige Übungsbeispiele, die auch für das **Aufwärmen** geeignet sind:

● Alle Voltigierer gehen auf der Zirkellinie in einer Reihe hinter dem Pferd her. Das erste Kind soll vorsichtshalber etwa eine Pferdelänge Abstand zur Hinterhand des Pferdes einbehalten.
Einige Zusatzaufgaben:
☐ Mit dem Pferd die Gangart wechseln.
☐ Armkreisen, hüpfen, Kniehebelauf u. ä.
☐ Auf Zuruf im Seit-, Links- oder Rechtsgalopp hinter dem Pferd mitgaloppieren (nur für gut Trainierte).
☐ Überholen: Immer der letzte Voltigierer überholt die ganze Gruppe auf Zuruf in verschiedenen Formen außen, innen oder im Slalom.
☐ Der vorderste Voltigierer läuft zum Longenführer, dann der Longe entlang zum Pferd und reiht sich am Ende der Gruppe wieder ein.

Kinder lernen spielerisch, sich auf das Pferd einzustellen und miteinander umzugehen, wenn Voltigierspiele ihren festen Platz in den Übungsstunden finden.

● Die Voltigierer laufen in der Zirkelmitte in einer Linie an der Longe mit dem Pferd mit:

☐ **Platzwechseln am Pferd:** Der erste Voltigierer erfaßt den inneren Griff und läuft mit dem Pferd mit. Auf Zuruf wechselt er hinter oder über das Pferd an den Außengriff und läuft zurück zur Zirkelmitte, wenn der 2. Voltigierer an den Innengriff läuft. Dieser wechselt wieder an den Außengriff usw., bis alle Voltigierer die Übung durchlaufen haben.

☐ An den Griffen einige Schritte mit dem Pferd mitlaufen und sich wieder hinter der Gruppe einordnen; als nächstes dieselbe Übung mit Aufsprung und Abgang und wieder hinten einordnen.

☐ **Ball zuspielen:** Ein Voltigierer sitzt auf dem Pferd, der 2. wirft ihm einen Ball zu, den er dem 3. Voltigierer zuwirft und geht dann ab. Nun springt der 2. Voltigierer aufs Pferd, der 3. wirft ihm den Ball zu, den er dem 4. zuwirft usw., bis die ganze Gruppe durch ist.

● Alle Voltigierer verteilen sich im gleichmäßigen Abstand **im Kreis** um die Zirkellinie. Ein Voltigierer sitzt auf dem Pferd:

☐ Das Kind auf dem Pferd wirft einen Ball einem wartenden Voltigierer zu, der in den Zirkel läuft und ihm den Ball wieder übergibt usw. Dazu lassen sich viele ähnliche Formen erfinden, wie z. B. einen Ring vom Pferd aus in einen Reifen treffen, der an der Zirkellinie liegt u.ä.

Einvoltigieren am Pferd

Das »Einvoltigieren« dient nach der Aufwärmgymnastik zur Einstimmung der Voltigierer auf das **Training im Galopp** oder als Konditionstraining mit dem Pferd. Alle Formen von Auf- und Abgängen, die schnell hintereinander durchführbar sind, eignen sich hierzu. Als Voraussetzung müssen die Voltigierer schon sicher im Galopp auf- und abspringen können. Achten Sie darauf, daß die ganze Gruppe in schneller Folge hintereinander ans Pferd läuft. **Die Übungen sollen zügig aneinander anschließen, damit das Pferd niemals »leer« wird.**
Hierzu einige Übungsvorschläge:
● Aufsprung in den Sitz des ersten Voltigierers, sofort **Abgang nach außen,** hinter der Gruppe wieder anschließen. Der nächste Voltigierer springt auf, geht wieder nach außen ab usw.

● Dieselbe Übung wie oben, nur mit einer **Wende** nach außen.

● Auf–Ab: Aufsprung in den Sitz, Abgang nach innen, **Bodensprung** und ohne Zwischensprung gleich wieder einen Aufsprung anschließen, mehrmals hintereinander mit verschiedenen Aufsprüngen wiederholen.

● Aufsprung ins **Knien,** aus dem Knie abdrücken zur Wende nach außen.

● Aus dem Sitz Aufschwingen in die **Fahne** (oder sofort Aufsprung in die Fahne), Aufschwung in die

gestützte Standwaage und wieder zurück zur Fahne, danach Wende aus der Fahne nach außen.

● **Stützschwung:** Im Sitz die Beine hoch-rückschwingen, schließen, gleich wieder öffnen und sodann weich zum Sitz kommen, wiederholen, anschließend Wende nach außen oder innen.

● Aufsprung in den Innensitz, daraus Beine rück-hochschwingen zur Wende, im höchsten Punkt die **Beine öffnen und grätschen,** wieder im Sitz landen, rechtes Bein über den Pferdehals nach innen führen und die Übung wiederholen.

● Aufsprung zum Sitz, Beine rückschwingen zur **Wende in den**

Innensitz (wie beim 1. Teil der Flanke), rechtes Bein über den Pferdehals wieder zum Sitz führen, nochmals Wende zum **Innensitz** und anschließend Wende über das Pferd nach außen.

● Aufsprung in den Innensitz, Beine rück-hochschwingen **zur Wende über das Pferd** wie beim 2. Teil der Flanke nach außen.

● **Ganze Flanke** über das Pferd: Mit beiden Beinen kräftig vom Boden abspringen, über das Pferd nach außen hochschwingen und außen landen.

● Aus der gestützten Standwaage, **Handstand-Abschwingen** nach außen.

Bereits im Unterricht sollen die Voltigierer lernen, einander zu helfen.

Sicherheit muß sein

Unfallverhütung

Sicherheitsregeln und -maßnahmen sind beim Voltigieren immer ernst zu nehmen. Wenn folgende Hinweise beachtet werden, ist schon viel dafür getan, um Unfällen rechtzeitig vorzubeugen bzw. sie zu vermeiden:

● Ein **Telefon** mit der Telefonnummer des nächsten Arztes oder Krankenhauses und ein **Verbandskasten** müssen immer in der Nähe vorhanden sein.

● Der Voltigierausbilder trägt die **Verantwortung** von dem Augenblick an, wenn das Voltigierpferd aus dem Stall geholt wird und nach dem Training, bis es wieder im Stall steht. Aus diesem Grunde ist die Anwesenheit des Ausbilders in dieser Zeit notwendig, andernfalls muß er zwischenzeitlich seine **Aufsichtspflicht** einer anderen Person übertragen.

● Man muß sich immer bewußt sein, daß **das Pferd ein Fluchttier ist,** das sehr schreckhaft sein kann. Besonnenes Verhalten im Stall und der richtige Umgang mit dem Pferd sind Grundvoraussetzungen für die Unfallverhütung.

● Der Longenführer sollte gute Kenntnisse in **Erster Hilfe** besitzen, er sollte wissen, wie man leichte Verletzungen behandelt und wie man sich in einer Unfallsituation verhält.

● Eine sportmedizinische Untersuchung der Voltigierer ist sehr zu empfehlen.

● Der Übungsplatz muß so groß sein, daß nach allen Seiten um den Zirkel **ausreichend Freiraum** für Abgänge und Stürze bleibt. Hindernisse um und über den Zirkel dürfen keinesfalls vorhanden sein.

● Wenn sich noch Reiter in der Halle befinden, **Zirkel so abgrenzen,** daß eine Behinderung oder Ablenkung der Voltigierer durch andere Pferde und Reiter weitgehend ausgeschlossen ist. Keinesfalls dürfen sich Reiter auf dem Hufschlag rund um den Voltigierzirkel befinden!

● Ein **geeigneter Boden,** weder zu tief noch zu hart, ist entscheidend für die Sicherheit der Voltigierer beim Landen (s. Seite 24).

● Für die **Ausrüstung des Pferdes** nur beste Qualität verwenden und den ordnungsgemäßen Zustand der Ausrüstung vor jeder Übungsstunde überprüfen! Schlechtes Lederzeug reißt leicht! Trense, Ausbinder und Gurt **richtig verschnallen,** alle Strippen wegstecken.

● Wenn der Longenführer sein Pferd beim **Longieren stets unter Kontrolle** hat und es an Kinder und Zuschauer gewöhnt hat, können unerwartete, gefährliche Situationen und Unfälle vermieden werden. Der **Gehorsam des Pferdes** ist eine

157

wichtige Grundbedingung. Die Longe darf niemals auf den Boden hängen (Stolpergefahr!).

● Die Voltigierer müssen die **Verhaltensregeln** in Stall und Reitbahn von Anfang an kennen: z. B. daß man nicht vor dem Pferd in den Zirkel läuft, wie man die Reitbahn betritt, weshalb es wichtig ist, den Ordnungsrahmen einzuhalten usw. Ein gewisses Maß an **Disziplin** ist unerläßlich!

● Die Voltigierer sollen **zweckmäßige,** nicht zu weite Kleidung tragen (s. Seite 22).

● **Richtiges Aufwärmen** zu Übungsbeginn schützt vor Verletzungen! Während des Unterrichts werden die Voltigierer nicht wieder kalt und steif, wenn sie durch **Zusatzaufgaben** am Übungspferd oder durch Gymnastik in Bewegung bleiben.

● Der Ausbilder muß den **Leistungs- und Trainingszustand** der Voltigierer richtig einschätzen können und seine Lehrweise danach ausrichten. **Überforderung führt zu Unfällen!**

● **Altersgemäßes, schrittweises, methodisches Vorgehen** in der Lehrweise baut Angst ab und erhöht die Bewegungssicherheit.

● Das Erkennen von Gefahrenpunkten in den Übungen setzt eine **genaue Kenntnis der Bewegungsabläufe** voraus. Das Risiko bei neuen Übungen muß der Ausbilder abschätzen können.

● Am Ende einer Übungsstunde

keine neuen schwierigen Übungen **unter Zeitdruck** einüben! Bei Ermüdung der Sportler besteht durch die nachlassende Reaktionsfähigkeit erhöhte Verletzungsgefahr.

Richtiges Abspringen und Landen

Zur Vermeidung von Verletzungen ist schnelles und richtiges Reagieren bei Stürzen notwendig. Deshalb empfiehlt es sich, im Unterricht eine spezielle Sturzschulung durchzuführen. Durch häufiges Üben reagieren die Voltigierer bei Stürzen automatisch richtig.

● Von Anfang an müssen die Voltigierer lernen, wie man den Schwung beim Landen auf dem Boden **durch elastisches Nachgeben** in den Knie- und Fußgelenken abfängt.

● Die Landung soll stets **nach vorne in der Bewegungsrichtung des Pferdes auf beiden Füßen erfolgen.** Quer oder gegen die Bewegungsrichtung zu landen, führt zum Umknicken des Fußgelenkes und zu Verstauchungen. Stürze nach hinten sind schwer zu kontrollieren und abzufangen und somit besonders gefährlich.

● Den Schwung immer **zuerst mit den Beinen und Füßen abbremsen,** dann eventuell noch **abrollen** (Kopf einziehen!). Keinesfalls die volle Wucht des Sturzes mit den Händen und Armen abfangen wollen.

● Bei allen Niedersprüngen und Stürzen **möglichst weit weg vom Pferd landen.** Beim Fallen sich niemals an den Griffen festklammern und mitschleppen lassen!

● Kommt eine Partnerübung ins Wanken und ist ein Sturz nicht mehr zu verhindern, **den Griff lösen** und möglichst nach vorne abspringen! Keinesfalls sich am Partner krampfhaft festhalten und ihn mit herunterreißen!

Sturzschulung

● **Reaktionsübungen** im Unterricht durchführen: Auf ein Zeichen oder Signal hin reagieren, Übungen schnell um- und abbauen können.

● **Orientierungsübungen:** Abgänge und Sprünge aus verschiedenen Positionen (vw, rw, auf dem Hals usw.) in unterschiedlichen Formen

● Anfänger müssen sich zuerst an die Höhe des Pferdes gewöhnen:

□ **Fallübungen wie Niedersprünge** vom Pferd oder Übungspferd auf den Boden aus dem Knien und Stehen mit dem richtigen Landen üben sowie das **Abrutschen** aus dem Sitz.

□ **Abrollen** bei Stürzen am Boden üben: Aus dem Stand und aus dem Laufen über die Schulter abrollen.

□ Im Schritt und Galopp vom Pferd Abspringen und Landen üben: zunächst mit Auslaufen in der Bewegung und dann mit Abrollen.

● Besonders bei **Handständen** üben, wie man vom Stütz auf den Händen zur sicheren Landung auf den Füßen abdreht.

● Beim Ausprobieren von neuen Übungen immer vorher miteinander besprechen, wo die **Gefahrenpunkte** liegen und wie man am besten einen Sturz abfängt.

● Bei **Partnerübungen** müssen alle Beteiligten wissen, wie man die Übungen schnell wieder abbaut, wenn sie ins Wackeln geraten! Den schnellsten Übungsabbau vorher miteinander einüben!

Sichern und Helfen

Im **Halten** steht eine Hilfestellung neben dem Pferd bereit. Im **Schritt** und **Galopp** begleitet ein Helfer die Übenden und kann sie so sichern. Im Galopp ist vor allem bei Auf- und Abgängen vom Boden aus Hilfestellung zu leisten.

Die Voltigierer helfen sich ebenso gegenseitig: Beim Aufspringen von Anfängern gibt immer der nächste Voltigierer dem vor ihm Übenden Hilfestellung.

Auf dem Pferd müssen die Voltigierer sich selbst **gegenseitig** sichern bzw. Hilfestellung geben, da oft vom Boden aus eine Hilfe nicht durchführbar ist. So kann z. B. ein erfahrener Voltigierer, der rückwärts vor dem Gurt sitzt, einem Anfänger beim Aufrichten Hilfestellung geben und ihn an der Hüfte sichern.

Voltigieren als Wettkampfsport

Voltigierwettbewerbe sind inzwischen zu einer festen Einrichtung im Turniersport geworden. Die Begegnung der Gruppen- und Einzelvoltigierer miteinander außerhalb der gewohnten Umgebung, die Wettkampfatmosphäre, die Möglichkeit, voneinander zu lernen und neue Erfahrungen zu sammeln – all das vermittelt den Sportlern unvergeßliche Erlebnisse.

Ein bevorstehender Wettkampf ist ein Ziel, auf das man sich gemeinsam vorbereiten muß. Es spornt an, die Leistungen weiter zu verbessern.

Im **Gruppensport** ist die **Gemeinschaftsleistung** ausschlaggebend für den Erfolg; jedoch muß jedes Mitglied in einer Turniergruppe mit seinem persönlichen Einsatz und seinem Können zu einer bestmöglichen Gesamtleistung beitragen. Von Wettkampf zu Wettkampf spielt sich eine Gruppe besser aufeinander ein, das gemeinsame Training und die Erlebnisse in der Gemeinschaft stärken den Gruppenzusam-

Im Wettkampf können die Sportler ihre Fähigkeiten unter Beweis stellen. Es ist immer wieder erstaunlich, welche Vielfalt an Bewegungsformen auf dem galoppierenden Pferd gezeigt werden.

menhalt. Es ist eine richtige »Turniergruppe« entstanden, für die man viele Freistunden und manches Wochenende aufwenden muß.

Das **Einzelvoltigieren** bietet den Voltigierern, die aus Altersgründen aus der Gruppe ausscheiden, Gelegenheit, weiterhin im Wettkampfsport aktiv zu bleiben. Im Einzelwettkampf kommt es auf die **individuelle Leistungsfähigkeit** des Voltigierers und seine eigenen Ideen für eine selbst gestaltete Kür an. **Im Vordergrund aller Wettkämpfe soll der Spaß an der Teilnahme stehen.** Verbissener Ehrgeiz, übertriebene Leistungsanforderungen und eine Standpauke nach einem Mißerfolg von dem Ausbilder oder den Eltern beeinträchtigen schnell die Freude am Wettkampfsport!

Voltigierturniere

Die Veranstaltungstermine für Voltigierturniere werden von den **Landeskommissionen** in den Verbandszeitschriften veröffentlicht. Bei Voltigierturnieren können drei Formen von Voltigierwettbewerben ausgeschrieben werden:

1. Gruppenwettbewerbe
2. Wettbewerbe im Einzelvoltigieren
3. Wettbewerbe im Paarvoltigieren (Pas de deux)

Gruppenwettbewerbe

Für Gruppenwettbewerbe gibt es
folgende Einteilung in Leistungsklassen:

A-Gruppen
Höchste Leistungsklasse

Für alle Gruppen, die im vergangenen und/oder laufenden Jahr **zweimal die Wertnote 6,5 oder höher**
erreicht haben.

B-Gruppen
Mittlere Leistungsklasse

Für alle Gruppen, die im vergangenen und/oder laufenden Jahr **zweimal die Note 5,0 oder höher und
eine Note 6,5 und darüber noch
nicht zweimal** erreicht haben.

C-Gruppen
Leichte Leistungsklasse

Für alle Gruppen, die im vergangenen und/oder laufenden Jahr **die
Wertnote 5,0 und darüber noch
nicht zweimal** erreicht haben.

CN-Gruppen
Anfängerklasse

Hier können die Verbände eigene
Wettbewerbe mit erleichterten
Bedingungen für Anfängergruppen
ausschreiben, um ihnen den Einstieg in den Wettkampfsport zu
erleichtern.

Beispiel für solche Wettbewerbe*

Pflichtaufgabe im Galopp von
8 Minuten:
1 a) Aufsprung in den Sitz,
Grundsitz mit losgelassenen, hängenden Armen, 4 Galoppsprünge.
b) **Vorübung zur Mühle im Vierertakt:** Rechtes Bein über den Pferdehals zum Innensitz führen und
zurück zum Sitz, dann linkes Bein
über den Pferdehals zum Außensitz
führen und zurück, danach **Abgang
nach innen.**
2 a) **Aufsprung in den Sitz,
dann Fahne** beidhändig gestützt,
4 Galoppsprünge.
b) Mit einer **Wende aus der Fahne**
nach außen abgehen.
3 a) Aufsprung in den Sitz,
Freies Knien, 4 Galoppsprünge.
b) Zweimaliger **Stützschwung mit
Einsitzen,** daraus **Wende nach
innen.**
Kür: Eine Kür mit Einzel- und
Doppelübungen von 5 Minuten.

Sind aus einer Voltigiergruppe im
Vorjahr mindestens **vier Stamm-
mitglieder** ausgeschieden und neue
Voltigierer wieder aufgenommen
worden, so darf diese Gruppe wieder in einer niedrigeren Leistungsklasse starten.

*Vorschlag der FN 1991

Wettbewerbe im Einzelvoltigieren

Klasse EA
Leistungsvoltigierer

Für alle Einzelvoltigierer, die im vergangenen und/oder laufenden Jahr **mindestens zweimal die Wertnote 6,5 oder höher** erreicht haben.

Klasse EB
Fortgeschrittene

Für alle Einzelvoltigierer, die im vergangenen und/oder laufenden Jahr die **Wertnote 6,5 und darüber noch nicht zweimal** erreicht haben.

Wettbewerbe im Paarvoltigieren

(Pas de deux)
Diese Wettbewerbsform befindet sich noch in der Entwicklungsphase. Bislang wurden dazu noch keine verbindlichen Wettkampfregeln in den deutschen Richtlinien festgelegt. International wird das Paarvoltigieren als ein reiner Kürwettbewerb mit zwei Küren von 1 Minute und 2 Minuten Dauer ausgeschrieben.

163

Die wichtigsten Wettkampfbestimmungen

Die deutschen Wettkampfbestimmungen sind in den **Richtlinien für Reiten und Fahren, Band 3 »Voltigieren«,** der Deutschen Reiterlichen Vereinigung (FN) festgelegt. Die internationalen Bestimmungen sind in den **»Rules for Vaulting Events«** bei der FEI erschienen. Darin sind auch alle Regelungen über Ausschreibungen, Nennungen, Teilnahmeberechtigung, Durchführung von Voltigierturnieren, Richtverfahren, Anforderungen und Bewertungen von Pflicht und Kür nachzulesen. Außerdem ist eine Liste von Kürübungen und ihre Einordnung in Schwierigkeitsgrade beigefügt.

Allgemeines

☐ **Voltigierpferde** müssen mindestens 5 Jahre alt sein, wenn sie an Turnieren teilnehmen. Sie müssen nicht eingetragen sein, für internationale Starts ist jedoch ein FEI-Paß notwendig.
☐ Sie dürfen an einem Tag **bis zu dreimal** eingesetzt werden.
☐ Das Pferd galoppiert auf der **linken Hand auf einem Zirkel von mindestens 13 m Durchmesser.**
☐ **Alle Übungen müssen im Galopp ausgeführt werden.**
☐ Alle Turnierergebnisse müssen vom Turnierveranstalter in einen Leistungsnachweisbogen eingetragen werden, der bei der zuständigen Landeskommission erhältlich ist.

Bestimmungen für Voltigiergruppen

Eine Wettkampfgruppe besteht aus dem Longenführer und **8 Voltigierern mit 1 Ersatzvoltigierer; die Voltigierer sind 18 Jahre und jünger.**

Wettkampfaufgabe

Gruppenwettbewerbe bestehen aus einer **Pflicht** und einer **Kür.** Alle Voltigierer zeigen nacheinander die Pflichtübungen des 1. Übungsblocks und danach die des 2. bzw. 3. Übungsblocks wie auf Seite 42 angegeben. Jeder Voltigierer muß mit wenigstens einer Übung an der Kür beteiligt sein.
Die erlaubte **Gesamtzeit für Pflicht und Kür** beträgt

☐ für A+B-Gruppen 12$\frac{1}{2}$ Minuten,
☐ für C-Gruppen 13$\frac{1}{2}$ Minuten.

Davon darf die **Kürzeit höchstens 5 Minuten** betragen.
Die Zeitmessung beginnt, wenn der erste Voltigierer die Griffe des Voltigiergurts berührt. Nach Ablauf der Zeit wird abgeläutet, die Voltigierer müssen das Pferd verlassen. Abgänge, die direkt aus der Position auf dem Pferd angeschlossen werden, kommen noch in die Wertung.

Bewertung der Pflicht

Jede Pflichtübung von jedem Voltigierer wird mit einer Wertnote von
0–10 beurteilt. Die Richter beurteilen die Pflichtübungen nach den in
den Richtlinien beschriebenen Ausführungskriterien und können für verschiedene Fehler Abzüge von 1 bis
2 Punkten vornehmen (s. Kapitel
»Die Pflicht« Seite 41).

Bewertung der Kür

Für die Kür wird je eine Wertnote
0–10 für den **Wert der Schwierigkeit,** für die **Kürgestaltung** und für
die **Ausführung** vergeben. Bei allen
Kürnoten sind Zehntelnoten
zulässig.
Für den **Wert der Schwierigkeit**
wird die Anzahl der Kürelemente
gezählt und ihr Schwierigkeitsgrad
nach **leicht (L)**, **mittel (M)** und
schwer (S) eingestuft. Die Richter
orientieren sich hier an einer in den
Richtlinien enthaltenen Kürliste und
einem Notenschlüssel. Hinweise zur
Ausführung und Gestaltung sind im
Kapitel »Die Kür« auf den Seiten
120 und 131 zu finden.

Bewertung des Gesamt-
eindrucks

In der Note für den Gesamteindruck wird das Pferd direkt mitbe-
wertet. Die Bewertung beginnt mit
dem Einlaufen der Gruppe und
endet mit dem Auslaufen nach der
Schlußaufstellung. Dafür können
auch Zehntelnoten vergeben werden. In den Richtlinien werden folgende Kritierien für die Bewertung
aufgeführt:

☐ Longieren und Vorstellung des
   Pferdes ca. 60% der Note
   (bis zu 6 Punkte).
☐ Verhalten und Ausstrahlung der
   Gruppe, Einlaufen und Aus-
   laufen, Aufstellung und Gruß,
   Aufmachung der Gruppe, des
   Ausbilders und des Pferdes ca.
   40% der Note (bis zu 4 Punkte).

In welcher Form eine Gruppe zum
Wettkampf ein- und ausläuft und die
Grußaufstellung bildet, bleibt ihren
Ideen überlassen. Dabei soll auf
Schauelemente und zeitraubende
Aufstellungsformen verzichtet und
eine **sportliche Natürlichkeit**
beibehalten werden.
In die Gesamteindrucksnote fließen
viele Faktoren mit ein, die in den
Richtlinien nicht näher erläutert wer-
den. Hier eine Aufstellung von Krite-
rien, welche die Richter bei der
Bewertung miteinbeziehen können:

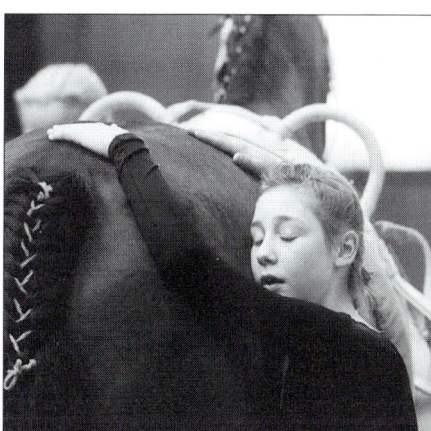

Voltigieren als Wettkampfsport

Gesamteindruck

Pferd

Vorstellung und Longieren des Pferdes
- ☐ Longenführer dreht sich auf einem Punkt.
- ☐ Korrekte Longen- und Peitschenführung: gespannte Longe, korrekte Peitschenhaltung.
- ☐ Korrekte Einwirkung des Longenführers mit Paraden.
- ☐ Richtige Hilfengebung mit der Peitsche zum richtigen Zeitpunkt.
- ☐ Maßvolles Anwenden von Stimmhilfen.
- ☐ Das Pferd nimmt die Hilfen willig an.
- ☐ Korrektes Angaloppieren zu Beginn der Vorstellung.
- ☐ Korrektes Durchparieren am Ende der Vorstellung.
- ☐ Die Longe wird nach dem Durchparieren wieder geordnet aufgenommen.
- ☐ Das Pferd ist mit leichter Innenstellung auf die Zirkellinie eingestellt.
- ☐ Das Pferd ist geradegerichtet und geht auf einem Hufschlag.
- ☐ Gleichmäßige, taktreine Galoppade, gut durchgesprungen.
- ☐ Das Pferd tritt mit der Hinterhand unter.
- ☐ Die Hinterhand trägt das Gewicht.
- ☐ Gleichmäßiges Tempo, ruhiges Weitergaloppieren beim Anlaufen der Voltigierer, kein Anlegen der Ohren.
- ☐ Kein Außen- oder Kreuzgalopp, keine Trabtritte.
- ☐ Kein Buckeln oder Ausweichen mit der Hinterhand.

Aufmachung des Pferdes
- ☐ Guter Pflege- und Futterzustand.
- ☐ Gepflegte, eingeflochtene Mähne.
- ☐ Sauberer, gepflegter Schweif.
- ☐ Ordentliche, gepflegte, zusammenpassende Ausrüstung.
- ☐ Korrekt verschnallte Trense.
- ☐ Richtige Länge der Ausbindezügel.
- ☐ Richtige Lage des Voltigiergurts und der Unterlage bzw. Decke.
- ☐ Alle Riemen sind verstaut bzw. festgeklebt.
- ☐ Korrekt gewickelte Bandagen, farblich passend.

Gruppe

Ein- und Auslaufen
- ☐ Korrektes Führen des Pferdes.
- ☐ Geordnete Longenhaltung.
- ☐ Mitlaufen des Longenführers im Gleichschritt auf Schulterhöhe mit dem Pferd.
- ☐ Gleichmäßiges, natürliches Ein- und Auslaufen der Gruppe im Gleichschritt mit gleichen Abständen.
- ☐ Korrektes Abwenden zur Grußaufstellung.
- ☐ Gerades Einlaufen zur Zirkelmitte.
- ☐ Korrektes Durchparieren des Pferdes zum Halten.

Grußaufstellungen

☐ Pferd steht ruhig und gerade auf allen vier Beinen, bis der Longenführer es auf die Zirkellinie hinausweist.
☐ Korrektes Übergeben der Peitsche.
☐ Form der Grußaufstellung.
☐ Gerade Aufstellung der Gruppe, der Größe nach mit gleichmäßigen Abständen.
☐ Gleichmäßiger gemeinsamer Gruß und Verbeugung der Voltigierer bei Richter A.
☐ Gleichmäßiges Abwenden nach dem Gruß zur Aufstellung außerhalb der Zirkellinie.

Verhalten der Gruppe während der Vorführung

☐ Zügiges Beginnen nach der Grußaufstellung.
☐ Gleichmäßige Aufstellung außerhalb der Zirkellinie.
☐ Gleichmäßiges Auslaufen nach jeder Übung zum Platz zurück.
☐ Fließender Wechsel zwischen den Voltigierern.
☐ Die Voltigierer sind immer rechtzeitig bereit, wenn sie an der Reihe sind.
☐ Nur die Voltigierer befinden sich in der Zirkelmitte, die bei der nächsten Übung dran sind.
☐ Ruhiges Stehen und keine Unterhaltung in der Gruppe.

Aufmachung der Gruppe

☐ Einheitliche Kleidung der Voltigierer.
☐ Kein Schmuck.
☐ Ordentliche Frisuren.
☐ Kleidung des Longenführers, zur Gruppe passend.

Bestimmungen für das Einzelvoltigieren

Teilnehmen können Einzelvoltigierer, die im laufenden Jahr **mindestens 16 Jahre alt** werden; nach oben gibt es **keine Altersgrenze.** Bis 18 Jahre sind sie auch noch im Gruppenvoltigieren startberechtigt.

Wettkampfaufgabe

Verlangt werden die **6 Pflichtübungen** ohne Zeitbegrenzung und eine Kür von **1 Minute Dauer.**

Pflicht

Die Pflicht setzt sich aus zwei Übungsblöcken zusammen:

1. Übungsblock: Aufsprung zum Sitz, Grundsitz, Fahne, Mühle, dann erfolgt ein **Bodensprung** – (Abgang nach der Mühle, ohne Zwischensprung Aufsprung zur Schere).
2. Übungsblock: Schere, Stehen und Flanke.
Alle Übungen sollen in einer Übungsfolge flüssig und unmittelbar miteinander verbunden werden.

Jede Pflichtübung wird einzeln mit einer Wertnote von 0–10 bewertet. Hier gelten die gleichen Ausführungskriterien und Fehlerabzüge wie bei der Gruppe. (Siehe auch das Kapitel »Die Pflicht« auf den Seiten 41 ff.)

Küraufgabe und Bewertung

Ein Einzelvoltigierer muß eine frei zusammengestellte Kür zeigen, die in einer Bewegungsverbindung geturnt werden muß und während der die Verbindung zum Pferd nicht aufgegeben werden darf. Bodensprünge sind erlaubt.

Die **Zeit** wird gemessen, wenn der Einzelvoltigierer die Griffe bei der ersten Übung berührt, und endet nach Ablauf von **1 Minute.**

Der Abgang muß innerhalb von 3 Galoppsprüngen nach dem Abläuten erfolgen, um noch in die Bewertung zu kommen.

Bei einem **Sturz** während der Kür wird die Zeit angehalten; innerhalb einer Minute muß der Voltigierer spätestens seine Kür wieder fortsetzen.

Die Kür muß mindestens aus **7 zu bewertenden Übungsteilen** bestehen, andernfalls wird die ganze Kür nicht bewertet. Leichte Übungsteile mit dem Schwierigkeitsgrad L werden hier mitgezählt.

Für die Kür wird je eine Wertnote für den Wert der **Schwierigkeit,** die **Kürgestaltung** und für die **Kürausführung** vergeben.

Der **Wert der Schwierigkeit** wird nach der Anzahl der Übungsteile und ihrem Schwierigkeitsgrad gemäß der Kürliste in den Richtlinien ermittelt. Für Übungen mit hohem Schwierigkeitsgrad wird 1 Punkt vergeben, für solche mit mittlerem Schwierigkeitsgrad 0,5 Punkte.

Für die Höchstnote 10 werden verlangt:
- ☐ 7 S-Teile x 1 = 7 Punkte,
- ☐ 6 M-Teile x 0,5 = 3 Punkte.

M-Teile können durch S-Teile ersetzt werden, d.h. 10 S-Teile entsprechen der Höchstnote 10, von der für jeden fehlenden S-Teil 1 Punkt und für jeden M-Teil 0,5 Punkte abgezogen werden.

Für die **Bewertung der Gestaltung** werden dieselben Kriterien wie beim Gruppenwettbewerb beachtet. Bei einer Einzelkür wird auch berücksichtigt, ob die Kür zur Persönlichkeit des Voltigierers paßt; die Harmonie und das Zusammenspiel von Sportler und Pferd spielen hier eine große Rolle. Genaueres zur Kürgestaltung ist auf Seite 131 nachzulesen.

Die **Bewertung der Ausführung** erfolgt nach bestimmten Ausführungskriterien wie im Kürkapitel Seite 120 aufgeführt. Für Abweichungen von der optimalen Bewegungstechnik und für Ausführungsfehler können die Richter 0,2–1,0 Punkte, für schwerere Fehler wie Stürze bis zu 2 Punkte abziehen.

Die Faszination des Voltigiersports äußert sich in Dynamik, Präzision und Harmonie der Bewegungen der Voltigierer mit dem Pferd.
Hier wird die Doppelübung *Sitzen – Handstand vorwärts* gegrätscht vorgeführt.

Die Teilnahme an einem Turnier

Vor der ersten Wettkampfteilnahme müssen die Pflicht im Galopp und eine leichte Kür sicher beherrscht werden. Hat man die Möglichkeit, an einem Anfängerwettkampf (Abteilung CN) mit leichteren Anforderungen teilzunehmen, ist eine gesamte Pflicht im Galopp noch nicht Voraussetzung. Eine **solide Ausbildungsgrundlage** mit den notwendigen körperlichen Voraussetzungen sollte vor dem ersten Wettkampfstart vorhanden sein, damit das erste Turnier nicht gleich zu einer Enttäuschung wird!

Die richtige Kleidung für den Wettkampf

Bei Wettkämpfen sollte die ganze **Gruppe** einheitlich gekleidet sein. Elastische, pflegeleichte **Gymnastikanzüge** mit langen **Gymnastikhosen** haben sich als besonders praktisch erwiesen. Die Anzüge sollten eine gute Paßform haben und müssen mit **10–12 cm großen Nummern** versehen sein.

Für Spielgruppen sehen auch die früher üblichen Röckchen, die über die Gymnastikanzüge getragen werden, nett aus. Heute gewinnen die sehr attraktiven, einteiligen Gymnastik- bzw. Tanzanzüge an Beliebtheit.

An was vor einem Turnier zu denken ist

Vor dem Wettkampf

1. Turniertermin und Trainingsplan mit dem Verein, der Gruppe und den Eltern abstimmen.
2. Nennung rechtzeitig an den Veranstalter mit dem Nenngeld zurückschicken.
3. Transport für die Gruppe und das Pferd organisieren:
   ☐ Welches Zugfahrzeug steht zu Verfügung?
   ☐ Wer kann das Pferd fahren und begleiten?
   ☐ Wer fährt die Voltigierer? Ideal wäre ein Kleinbus für die ganze Gruppe.
4. Klären, ob der Verein eine Versicherung für eventuelle Unfälle abgeschlossen hat.
5. Am Tag vor dem Wettkampf muß das Pferd geputzt, frisiert und eingeflochten werden.
6. Die Ausrüstung wird gereinigt und gepflegt.
7. Treffpunkt und Abfahrtszeit frühzeitig festlegen.

Am Wettkampftag

1. Vorbereitung des Pferdes für den Transport.
2. Nach der Ankunft am Turnier die Startbereitschaft melden.
   Meldeschluß spätestens 1 Stunde vor dem Start.
3. Pferd rechtzeitig für eine eventuelle Verfassungsprüfung vorbereiten.
4. Spätestens 1 Stunde vor der Startzeit umziehen, Aufwärmen, das Pferd ablongieren.

Was zum Turnier mitgenommen werden muß

Für das Pferd	Für die Voltigierer

Für das Pferd

Futter
Heu
Hafer
Zusatzfutter
Mineralstoffmischung

Ausrüstung
Trense
Voltigiergurt mit Ausbindern
Gurtunterlage bzw. Decke
Longe
Peitsche
Bandagen
Führzügel

Stallzubehör
Gabel
Schaufel
Besen
Futterschüssel
Tränkeimer
Halfter
Anbindestrick
Stalldecke

Für den Transport
2 Longen zum Verladen des Pferdes
Futter und Einstreu
Pferdedecke mit Deckengurt
Schweifschoner
Transportgamaschen

Zur Pferdepflege
Putzzeug
Mähnengummis zum Einflechten
Klebeband für die Mähnenzöpfchen
Schere
Fliegenspray, Schweißmesser

Für die Voltigierer

Am besten ist es, wenn die ganze Ausrüstung der Voltigierer in **einem** Koffer verstaut wird.

Turnierkleidung
Gymnastikanzüge und -hose
Socken
saubere Gymnastikschuhe
Trainingsanzüge
Frisierzeug
Kleidung des Longenführers

Sonstiges
Leistungsnachweise
Ausweise der Voltigierer
Musikkassette mit der Begleitmusik
Verbandkasten
Reiseapotheke
Regenzeug, Nähzeug
Getränke, evtl. Verpflegung

Voltigieren als Wettkampfsport

Farblich sollte die Kleidung mit der Farbe des Pferdes und der Ausrüstung harmonieren. Helle Farben wirken freundlicher als dunkle! Es ist für Wettkampfvoltigierer zu empfehlen, sich ein zweites Paar Gymnastikschuhe für das Turnier anzuschaffen – die Schuhe für die Übungsstunden sehen meistens nicht besonders gepflegt aus!

Ein **Einzelvoltigierer** kann seine Persönlichkeit durch geschmackvolle Farbkombinationen und etwas ausgefallenere Anzüge betonen; die Kleidung sollte aber noch sportlich wirken. Auf zuviel Paillettenschmuck und Glitzer sollte verzichtet werden; dies kann dem Schauvoltigieren vorbehalten werden. Einheitliche **Trainingsanzüge** gehören ebenso zur Ausstattung – zum Überziehen vor und nach dem Start oder bei der Siegerehrung –, um die Muskulatur warmzuhalten.

Die **Kleidung des Longenführers** sollte ordentlich, sportgerecht sein und auf den Dress der Gruppe oder des Einzelvoltigierers abgestimmt sein. Jeans oder ähnliche Kleidung gehören nicht hierher.

Nach dem Wettkampf hat das Pferd »Thimu« der Gruppe von Rhede viel Lob verdient.

Das kleine Hufeisen und das Voltigierabzeichen

Verfügen die Voltigierer über Grundkenntnisse vom Voltigieren und von der Pferdehaltung, können sie das »Kleine Hufeisen« in einer Sonderprüfung erwerben, falls sie noch keine 19 Jahre alt sind.
Beispiele für Prüfungsthemen sind: Das Pflegen, Führen, Anbinden, Füttern und Zäumen des Pferdes, das Auflegen des Voltigiergurtes, Auftrensen, Grundkenntnisse über die Grund- und Pflichtübungen u. ä. Dabei sollen im Voltigieren das Mitgaloppieren, Hilfestellungen für den Aufsprung, 4 Pflichtübungen und 1 Kürübung nach Wahl im Schritt oder Galopp gezeigt werden.
Nach bestandener Prüfung erhält man ein Stoffabzeichen und eine Urkunde.

Das »Voltigierabzeichen« bestätigt dem Voltigierer, daß er alle Pflichtübungen im Galopp beherrscht und Kenntnisse über die Theorie des Voltigierens und der Pferdehaltung besitzt. Als öffentliche Anerkennung bekommt der Voltigierer eine Anstecknadel und ein Webabzeichen. Die Deutschen Voltigierabzeichen (DVA) in Bronze und Silber können ohne Altersbeschränkung

von jedem Voltigierer im Rahmen einer Sonderprüfung gemäß der in der APO[1]) festgelegten Bestimmungen abgelegt werden.
Für das Voltigierabzeichen in Bronze werden alle 6 Pflichtübungen auf dem galoppierenden Pferd verlangt, dabei muß mindestens die Wertnote 5,0 für alle Übungen erreicht werden. In der Theorie werden folgende Themen geprüft: Voltigierlehre, Pferdehaltung und Pferderassen, Organisation des Reitsports und die entsprechenden Bestimmungen des Tierschutzgesetzes. In der Theorie muß der Bewerber mindestens die Note 5,0 erhalten.
Für das Voltigierabzeichen in Silber muß der Voltigierer das bronzene Abzeichen schon wenigstens ein Jahr besitzen und in allen 6 Pflichtübungen mindestens die Durchschnittswertnote 6,5 erreichen, dabei darf jedoch keine Wertnote unter 5,0 liegen. In der Theorie muß der Bewerber dafür die Mindest-Wertnote 6,5 erreichen.
Jede Abzeichenprüfung wird von zwei Voltigierrichtern abgenommen und kann bei Nichtbestehen erst nach 3 Monaten wiederholt werden.
Das Voltigierabzeichen in Gold wird jenen Einzelvoltigierern verliehen, die seit dem 1. 1. 86 zehnmal die Wertnote 9,0 oder höher in Wettkämpfen erreicht haben.

---

[1]) APO = Ausbildungsprüfungsordnung

Fragen und Antworten für die Theorie*

Pferdekunde und Pferdehaltung

Schwierig-keitsgrad der Frage	Fragen	Antworten
	Körperbau des Pferdes	
*	In welche drei Partien teilt man den Körper des Pferdes ein?	Vorhand, Mittelhand, Hinterhand.
* *	Was gehört zur Vorhand?	Kopf, Hals, Brust, Vorderbeine.
* *	Was gehört zur Mittelhand?	Widerrist, Rücken und Bauch.
* *	Was gehört zur Hinterhand?	Hinterbeine, Kruppe und Schweif.
* * *	Aus welchen Teilen besteht der Huf?	Hufkrone, Hufwand, Hufsohle mit Strahl.
*	Wie heißt das Stück zwischen Hals und Rücken?	Widerrist.
* *	Woran kann man das Alter eines Pferdes erkennen?	An den Zähnen. Je nach Abnutzungsgrad lassen sich Rückschlüsse auf das Alter ziehen.
* *	Wie werden die Pferde nach ihrer Haarfarbe benannt?	Braune, Rappen, Schimmel, Isabellen, Falben, Füchse und Schecken.
* *	Woran erkennt man einen Braunen?	Am schwarzen Langhaar (Mähne und Schweif) und braunen Deckhaar.
*	Wie sieht ein Fuchs aus?	Deckhaar und Langhaar sind von gleicher hell-brauner Farbe.
*	Wie nennt man ein schwarzes Pferd?	Rappe.
*	Wie nennt man ein Pferd mit weißem Deckhaar und Langhaar?	Schimmel.
* * *	Was sind Isabellen?	Pferde mit einer gelblichen Farbe und gleich-farbigem oder hellerem Langhaar.
* * *	Wie sehen Falben aus?	Sie haben eine gelbliche Farbe und schwarzes Langhaar, außerdem haben sie einen sogenann-ten Aalstrich.

* Für das »Kleine Hufeisen« werden (außer den Wettkampf-Fragen) die leichten Fragen mit * empfohlen.

Schwierig-keitsgrad der Frage	Fragen	Antworten
*	Was ist ein Schecke?	Ein Pferd mit größeren, unregelmäßigen Flecken, die farblich von der Grundfarbe abweichen.
* * *	Wie wird die Größe des Pferdes gemessen?	Durch »Stockmaß« oder »Bandmaß«. Das Stock-maß wird mit einem Stab vom Boden bis zur höchsten Stelle des Widerrists gemessen. Das Bandmaß wird an den Pferdekörper angelehnt und ebenfalls an den Vorderbeinen vom Boden bis zum Widerrist gemessen.
* *	Wie heißen die Abzeichen am Kopf des Pferdes?	

Flocke   Stern   Keilstern   Strich   Schnur-blesse

Unter-brochene schmale Blesse   Durch-gehende Blesse   Unregel-mäßige breite Blesse   Schnippe

	Pferderassen und Brände	
* *	Wie werden die Pferde eingeteilt?	In Vollblüter, Warmblüter, Kaltblüter, Traber, Klein-pferde und Ponys.
* * *	Welche Vollblüter gibt es?	Araber (Kennzeichen ox), Englisches Vollblut (Kennzeichen xx), Traber. Das Kennzeichen wird hinter den Namen des Pferdes gesetzt.
* *	In welchen Sparten des Reitsports findet der Vollblüter hauptsächlich Verwendung?	Im Rennsport (Galopp- und Trabrennsport).

*= leicht   ** = mittel   *** = schwer

Kleines Hufeisen, Voltigierabzeichen

Schwierig-keitsgrad der Frage	Fragen	Antworten
* * *	Nenne die bekanntesten Warmblutpferde in Deutschland!	Hannoveraner, Westfalen, Holsteiner, Württemberger, Oldenburger, Ostfriesen, Ostpreußen, Trakehner. Diese Pferde bezeichnet man als »Deutsche Reitpferde«.
* *	Wo findet das Deutsche Reitpferd Verwendung?	Für Dressur, Springen, Vielseitigkeit, Fahren und auch Voltigieren.
* *	Welches sind die bekanntesten Kleinpferde und Ponys?	Norwegische Fjordpferde, Haflinger, Shetland-, Welsh-, Connemara- und Islandponys.
* *	Kennst du die wichtigsten Brandzeichen?	

Hannoveraner　Holsteiner　Trakehner

Westfale　Württemberger　Oldenburger

	Pferdepflege- und -haltung	
*	Was braucht man zum Putzen des Pferdes?	Striegel, Kardätsche, Wurzelbürste, Hufkratzer, Mähnenkamm, Lappen, Huffett mit Pinsel und zwei Schwämme.
*	Wie oft und weshalb wird das Pferd geputzt?	Das Pferd wird jeden Tag einmal gründlich geputzt. Durch das Putzen wird die Haut des Pferdes massiert, was zum Wohlbefinden des Pferdes beiträgt.
*	Was tut man beim Putzen zuerst?	Man putzt von vorne nach hinten. Zuerst werden alle bemuskelten Körperteile durchgestriegelt. Der Striegel darf aber für die knochigen Körperteile (Kopf, Gliedmaßen usw.) nicht verwendet werden.
*	Wie wird der Schweif gepflegt?	Er wird mit der Hand verlesen und hin und wieder gewaschen.
* *	Wie pflegt man die Beine des Pferdes?	Mit der Kardätsche. Bei stärkerer Verschmutzung werden die Beine gewaschen und anschließend abgetrocknet.

Schwierig-keitsgrad der Frage	Fragen	Antworten
* * *	Was weißt du über die Hufpflege?	Mit dem Hufkratzer werden die Strahlfurchen aus-gekratzt. Nach der Übungsstunde werden die Hufe bei warmem Wetter gewaschen und innen und außen mit Huffett eingefettet. Hin und wieder wird die Hufsohle mit Holzteer bestrichen.
* *	Wie verwendet man die Kardätsche?	Beim Putzen auf der linken Seite des Pferdes lie-gen die Kardätsche in der linken und der Striegel in der rechten Hand. Auf der rechten Seite ist es umgekehrt. Beim Putzen wird die Kardätsche dauernd am Striegel abgestrichen.
*	Wie pflegt man die Mähne?	Mit der Kardätsche und evtl. mit dem Mähnen-kamm.
*	Womit werden Maul, Nüstern, Augen und After und Geschlechts-teile gereinigt?	Mit dem Schwamm.
*	Wie verhält man sich, wenn das Pferd nach der Übungsstunde naß geworden ist?	Schweißnasse Pferde dürfen keinesfalls in den Stall gestellt werden. Das Pferd muß trocken-geführt oder im Schritt trockengeritten werden. Außerdem kann das Pferd mit Strohwischen trockengerieben werden. Beine kühlen.
	Fütterung und Tränken des Pferdes	
*	Wie oft wird das Pferd täglich gefüttert?	Dreimal: am frühen Morgen, mittags und abends.
* *	Was wird gefüttert?	Hafer, Heu, Häcksel (geschnittenes Stroh), Rüben, Fertigfutter und manchmal noch Zusatzfutter.
* *	Wieviel bekommt ein Pferd täglich?	Durchschnittlich 5 kg Hafer, 6 kg Heu und 2 bis 4 kg Häcksel.
*	Wie oft wird das Pferd getränkt, wenn keine Selbsttränke vor-handen ist?	Drei- bis viermal am Tag vor dem Füttern.
*	Darf man ein stark erhitztes Pferd saufen lassen?	Nein, man muß warten, bis es abschwitzt.

Das Voltigierpferd

Schwierig-keitsgrad der Frage	Fragen	Antworten
*	Wie alt sollte ein Voltigierpferd mindestens sein?	5 Jahre.
**	Wie sollte das Gebäude des Voltigierpferdes beschaffen sein?	Das Voltigierpferd sollte einen breiten, flachen, unempfindlichen Rücken, eine breite, wenig abfallende Kruppe, einen ausgeprägten Widerrist, einen breiten Brustkorb und gesunde, kräftige Beine haben.
**	Welche weiteren Anforderungen sollte ein Voltigierpferd außerdem noch erfüllen?	Es sollte brav, gutmütig und geduldig im Umgang sein, über ein ausgeglichenes Temperament verfügen, ausdauernd galoppieren können und eine gleichmäßige, schwungvolle, aber ruhige Galoppade besitzen.
*	Welche Größe eignet sich für ein Voltigierpferd am besten?	Eine mittlere Größe von ca. 1,60–1,65 m Stockmaß, da dann das Pferd für alle Übungsgruppen am besten geeignet ist. Für das Einzelvoltigieren und für Leistungsgruppen bevorzugt man größere Pferde um die 1,70 m.

Ausrüstung des Voltigierpferdes

*	Was gehört zur Ausrüstung des Voltigierpferdes?	Voltigiergurt, Trense, Ausbindezügel, Unterlage, Longe, Peitsche und Bandagen. Eine Decke kann benutzt werden.
***	Aus welchen Teilen besteht eine Trense?	Kopf-(Genick-)stück, Stirnriemen, Backenstücke, Trensengebiß, Nasenriemen, Kinnriemen, Reithalfter, Kehlriemen, Ausbindezügel (s. S. 19).
**	Was ist beim Auflegen des Voltigiergurts zu beachten?	Der Gurt wird mit einer Unterlage gepolstert und darf nicht auf dem Widerrist aufliegen. Der Gurt wird zuerst nur leicht angezogen, nach dem Ablongieren wird nochmals nachgegurtet.
**	Wie werden Zaumzeug und Gurt gepflegt?	Alle Lederteile werden mit einem feuchten Schwamm und Sattelseife gereinigt, dann getrocknet und mit Lederfett eingerieben.

Schwierig-keitsgrad der Frage	Fragen	Antworten
**	Erkläre, wie ein Pferd aufgetrenst wird!	– Mit der rechten Hand den Kopf des Pferdes festhalten, mit der linken Hand nun das Gebiß ins Maul schieben, dabei mit den Fingern Druck ausüben. – Gleichzeitig das Kopfstück mit der rechten Hand über die Ohren streifen. – Nasenriemen herunterlassen, Kehl- und Kinnriemen schließen.
**	Wie ist eine Trense richtig verschnallt?	Zwischen der unteren Kante des Nasenriemens und dem oberen Nüsternrand soll ein Zwischenraum von etwa 4 Fingern Breite sein, unter dem Kehlriemen soll noch eine Handbreit Platz bleiben, und unter den Kinnriemen sollten noch 2 Finger passen.

Longieren

*	Auf welcher Hand wird das Pferd beim Voltigieren vorwiegend longiert?	Auf der linken Hand. (Die linke Seite des Pferdes zeigt zur Zirkelmitte.)
*	Welches sind die drei Grundgangarten des Pferdes?	Schritt, Trab, Galopp.
**	Welchen Durchmesser sollte der Zirkel mindestens haben?	13 Meter.
***	Was sind Kennzeichen und Fußfolge des Galopps?	Der Galopp ist ein Dreitakt. Man unterscheidet zwischen Links- und Rechtsgalopp. Der Linksgalopp hat die Fußfolge: 1. Rechter Hinterfuß. 2. Linker Hinterfuß und rechter Vorderfuß. 3. Linker Vorderfuß. 4. Schwebephase.
***	Was ist Außengalopp und was ist Kreuzgalopp?	Außengalopp ist Rechtsgalopp auf der linken Hand oder umgekehrt. Beim Kreuzgalopp galoppiert das Pferd mit der Hinterhand links und mit der Vorderhand rechts oder umgekehrt.

Die Voltigierstunde

Schwierig-keitsgrad der Frage	Fragen	Antworten
*	Was ist vor der Übungsstunde zu beachten?	Das Pferd wird aufgetrenst, der Gurt wird aufgelegt und leicht angezogen, das Pferd wird abgebürstet, die Bandagen angelegt und die Hufe ausgekratzt.
*	Was mußt du nach der Übungs-stunde bedenken?	Die Ausbinder werden ausgehakt und der Gurt gelockert, das Pferd wird trockengeführt, die Hufe werden gesäubert und das Pferd abgebürstet.
*	Wie läufst du in den Zirkel?	Immer hinter dem Pferd. Man stellt sich neben dem Longenführer auf und läuft ans Pferd, wenn der übende Voltigierer abspringt.
*	Was muß nach der Übungsstunde außerdem noch getan werden?	Der Hufschlag des Zirkels wird mit Rechen und Schaufel wieder geebnet.
* *	Wie führst du das Pferd?	Mit der rechten Hand faßt man die Longe etwa eine Handbreit hinter dem Trensenring und mit der linken Hand hält man die in Schlaufen übereinan-dergelegte Longe. Man muß darauf achten, daß die Longe nicht auf den Boden hängt.

Wettkampfbestimmungen (Richtlinien für Voltigieren)

Allgemeines

*	Wo findest du die Wettkampf-bestimmungen?	In den Richtlinien für Voltigieren.
*	Wieviel Mitglieder hat eine Wettkampfgruppe?	8 Voltigierer und 1 Ersatzmann. Es können Jungen und Mädchen mitmachen.
* *	Bis zu welchem Alter darf ein Voltigerer in einer Wettkampf-gruppe voltigieren?	Bis zu 18 Jahren. Er darf das Kalenderjahr, in dem er 18 wird, noch beenden.
* *	Welche Wettkampf-Abteilungen gibt es?	Abteilung A, B und C, CN, Einzelvoltigierer EA, EB, Pas de deux.

Schwierig-keitsgrad der Frage	Fragen	Antworten
**	Wer kann an Einzelvoltigierwettbewerben teilnehmen?	Voltigierer ab 16 Jahren, auch wenn sie noch in der Gruppe voltigieren.
*	Welche Gruppen sind in der Abteilung A startberechtigt?	Alle Gruppen, die im laufenden und vergangenen Jahr zweimal die Wertnote 6,5 oder höher erreicht haben.
*	Welche Gruppen sind in der Abteilung B startberechtigt?	Alle Gruppen, die im laufenden und vergangenen Jahr zweimal die Wertnote 5,0 oder höher und die Wertnote 6,5 noch nicht zweimal erreicht haben.
*	Was sind C-Gruppen?	Alle Gruppen, die im vergangenen und laufenden Jahr die Wertnote 5,0 nicht mehr als einmal erreicht haben.
*	Was sind CN-Gruppen?	Nachwuchsgruppen, die mit dem Turniersport beginnen.
**	Wann kann eine Gruppe zurückgestuft werden?	Wenn sie mindestens 4 neue Mitglieder hat oder die verlangten Wertnoten ein Jahr lang nicht erreicht hat.
**	Kann ein Voltigierer an einem Wettkampf in mehreren Gruppen starten?	Nein, er darf nur in einer Gruppe teilnehmen, er kann jedoch auch in Einzel- und Paarwettbewerben starten, wenn er über 16 Jahre alt ist.
**	Wie kann die Teilnahmeberechtigung in einer Wettkampfabteilung nachgewiesen werden?	Durch den Leistungsnachweis.
**	Wie oft darf ein Voltigierpferd bei einem Wettkampf an einem Tag eingesetzt werden?	Bis zu dreimal.
*	Welche Übungen muß ein Voltigierer zeigen?	Alle 6 Pflichtübungen, und er muß mindestens einmal an der Kür teilnehmen.
*	Wieviel Zeit steht einer Gruppe für Pflicht und Kür zur Verfügung?	Für C + B-Gruppen 13,5 Minuten, für A-Gruppen 12,5 Minuten.
*	Wieviel Zeit hat ein Einzelvoltigierer für die Kür?	Höchstens 1 Minute.
*	Wann beginnt die Zeitmessung?	Die Zeitmessung beginnt mit dem Anfassen der Griffe des ersten Voltigierers.
*	In welcher Gangart müssen alle Übungen ausgeführt werden?	Im Galopp.

Kleines Hufeisen, Voltigierabzeichen

Schwierig-keitsgrad der Frage	Fragen	Antworten
* * *	Welche Wertnoten gibt es?	0 = nicht ausgeführt 4 = mangelhaft 8 = gut 1 = sehr schlecht 5 = genügend 9 = sehr gut 2 = schlecht 6 = befriedigend 10 = ausgezeichnet 3 = ziemlich schlecht 7 = ziemlich gut
* * *	An was mußt du denken, wenn deine Gruppe an einem Wettkampf teilnehmen wird? Was muß alles mitgenommen werden?	Der Transport des Pferdes muß organisiert werden. Das Pferd wird vorbereitet: bandagieren, Schweifschoner anlegen, Pferd eindecken. Mitgenommen werden müssen: Futter, Eimer, Putzzeug, Voltigierausrüstung und die Turnierkleidung der Voltigierer.
* *	Kennst du die Farben der Schleifen?	Gold = 1. Platz, Silber = 2. Platz, Weiß = 3. Platz, Blau = 4. Platz, Rot = 5. Platz, Grün = alle weiteren Plätze

Pflicht

*	Nenne die Pflichtübungen in der richtigen Reihenfolge!	Grundsitz, Fahne, Mühle, Schere, Stehen und Flanke.
* *	Wie werden die Pflichtübungen bei A-Gruppen durchgeführt?	In zwei Dreierblöcken: 1. Grundsitz, Fahne, Mühle. 2. Schere, Stehen, Flanke.
* *	Wie bei den B-, C-Gruppen?	In drei Zweierblöcken: 1. Grundsitz, Fahne. 2. Mühle, Schere. 3. Stehen, Flanke.
* *	Welche Pflicht wird im Einzelvoltigieren verlangt?	Eine Pflichtfolge von Grundsitz, Fahne, Mühle, Bodensprung, Schere, Stehen, Flanke.
*	Darf eine Pflichtübung wiederholt werden, wenn sich der Voltigierer noch auf dem Pferd befindet?	Ja, es gibt aber 2 Punkte Abzug.
* *	Wann wird eine Pflichtübung nicht bewertet (zwei Beispiele)?	Wenn der Voltigierer das Pferd verläßt, ohne den vorgeschriebenen Abgang auszuführen, wenn er eine Pflichtübung in der falschen Reihenfolge ausführt, die Pflichtübung nicht im Galopp ausgeführt wird oder die Übung zweimal wiederholt wird.
*	Wie lange sollten Grundsitz, Fahne und Stehen ausgehalten werden?	Mindestens 4 Galoppsprünge.

Schwierig-keitsgrad der Frage	Fragen	Antworten
*	In welchem Takt sollte jede Phase der Mühle gezeigt werden?	Im Vierertakt.
*	Bei welcher Pflichtübung gehst du nach außen ab?	Bei der Flanke.
* *	Wann bekommst du einen Punkt Abzug bei der Pflicht? Nenne zwei Beispiele!	Bei jedem Taktfehler in der Mühle, bei Nichtknien vor Stehen und Fahne und bei zu wenig Galoppsprüngen bei Grundsitz, Fahne und Stehen.

Kür

* *	Wieviel Zeit steht einer Gruppe für die Kür zur Verfügung?	Kürzeit maximal 5 Minuten oder die restliche Zeit nach der Pflicht bis zum Ablauf von 12,5 bzw. 13,5 Minuten.
* *	Was geschieht, wenn eine Kürübung nach der erlaubten Zeit gezeigt wird?	Die Übung bleibt ohne Bewertung. Wurde sie aber kurz vor dem Ablauf der Zeit begonnen, so wird sie noch für den Wert der Schwierigkeit berücksichtigt.
* * *	Welche anderen Bestimmungen sind für die Kür noch zu beachten?	Jede Kürübung sollte mindestens 3 Galoppsprünge ausgehalten werden. Bei A-Gruppen sind Einzel-, Doppel- und Dreierübungen erlaubt. Bei einer Dreierübung müssen 2 Voltigierer den Kontakt zum Pferd behalten. C-+B-Gruppen können nur Einzel- und Doppelübungen zeigen.
*	Welche Schwierigkeitsgrade gibt es?	Schwierigkeitsgrad S (schwer), Schwierigkeitsgrad M (mittel), Schwierigkeitsgrad L (leicht)
* *	Wie wird die Kür bewertet?	Nach Schwierigkeit, Gestaltung und Ausführung. In Zehntelnoten von 0–10.
*	Nenne drei Beispiele für Kürübungen mit Schwierigkeitsgraden!	Z.B. Schultersitz (L), Handstand auf der Schulter (S), Fahne-Standwaage angefaßt (M).
* *	Was wird außer der Pflicht und der Kür an einem Wettkampf noch bewertet?	Der Gesamteindruck. Dabei werden Einlaufen, Aufstellung, Aufmachung und Verhalten der Gruppe sowie das Longieren und Vorstellung des Pferdes berücksichtigt.

Das Voltigierabzeichen

Schwierig- keitsgrad der Frage	Fragen	Antworten
*	Welche Voltigierabzeichen gibt es?	Das Voltigierabzeichen in Bronze, Silber und Gold.
*	Welche Anforderungen werden für das Voltigierabzeichen in Bronze verlangt?	In allen Pflichtübungen muß der Bewerber die Wertnote 5,0 erreichen und die theoretische Prüfung bestehen.
**	Welche Anforderungen werden für das silberne Voltigierab- zeichen verlangt?	Der Voltigierer muß mindestens ein Jahr das bron- zene Voltigierabzeichen besitzen und in den Pflichtübungen eine Durchschnittsnote von 6,5 erreichen. Keine Wertnote darf unter 5,0 liegen. Außerdem muß er die theoretische Prüfung bestehen.
***	Wann erhält man das goldene Abzeichen?	Wenn man 10mal die Wertnote 9,0 und höher in Wettkämpfen als Einzelvoltigierer erreicht hat.

Organisation des Reitsports

**	Wie heißt der Dachverband des Pferdesports?	Deutsche Reiterliche Vereinigung (FN). Sitz ist Warendorf.
**	Wer ist für Fragen des Voltigier- sports auf Bundesebene zuständig?	Der Jugendausschuß und der Fachbeirat Voltigieren der FN.
**	Wie ist der Reitsport in den Bun- desländern und Kreisen vertreten?	Durch die Landesverbände und die Reiterringe oder Kreisreiterverbände.
*	Wie ist der Reitsport in den Städten und Dörfern organisiert?	Die Reitsportler sind in Reitervereinen zusammen- gefaßt.
***	Was bedeutet FEI?	Fédération Equestre Internationale, Weltverband des Reitsports; Sitz in Bern/Schweiz.
**	Welche Organisation ist für den Turniersport zuständig?	Die Landeskommissionen.
***	Was ist deren Aufgabe?	Die Lk genehmigt Turniere, Abzeichenprüfungen, ist für die Richter und Turniere zuständig.

Voltigierlexikon

Ablongieren Lösen des Pferdes auf beiden Händen an der Longe zu Beginn der Übungsstunde. Dient zur Entspannung des gerade aus dem Stall gekommenen Pferdes. Durch das Ablongieren soll die Losgelassenheit des Pferdes erreicht werden.

Abzüge Punktabzüge bei Wettkämpfen für Fehler in Pflicht, Kür und im Gesamteindruck. Die Abzüge sind in den Richtlinien festgelegt.

Angaloppieren Übergang des Pferdes aus dem Halten oder einer anderen Gangart zum Galopp.

Anlaufen ist das Zulaufen von der Zirkelmitte zum Pferd für den Aufsprung.

Anlehnung ist die ständige, weiche Verbindung zwischen der Hand des Longenführers und dem Pferdemaul mit der Longe.

APO Abkürzung für »Ausbildungsprüfungsordnung« der FN, in der die verschiedenen Ausbildungswege für den Reitsport festgelegt sind, u. a. auch für den Voltigierwart, -lehrer und -richter.

Ausbindezügel (Ausbinder) sind Hilfszügel zum Longieren, die am Voltigiergurt befestigt sind und in die Trensenringe eingeschnallt werden.

Auslaufen Nach Beendigung einer Übung nach dem Abgang läuft der Voltigierer nach vorne in die Bewegungsrichtung des Pferdes aus, ohne stehenzubleiben. Bedeutet auch das Auslaufen der Gruppe nach der Schlußaufstellung.

Ausschreibung Einladung zu einem geplanten Voltigierwettkampf, in der sämtliche Teilnahmebedingungen und Wettbewerbe angegeben sind.

Außengalopp ist der Rechtsgalopp auf der linken Hand und der Linksgalopp auf der rechten Hand.

Bandagieren Anlegen von Bandagen unterhalb des Unterarms des Pferdes bis zum Fesselkopf als Schutz gegen Verletzungen.

Bewegungsweite Höhe und Weite einer Bewegung, z. B. beim Aufsprung oder beim Spreizen der Beine bei einer Übung.

Bewertung ist für Voltigierwettkämpfe in den Richtlinien für Voltigieren, Band III, festgelegt.

Biegung wird vom Pferd auf der Zirkellinie verlangt und soll dem Grad der Biegung des Zirkels entsprechen, damit sich das Pferd geschmeidig auf einem Hufschlag bewegt.

Cavaletti Niedrige Hindernisse, die für die Ausbildung des Pferdes und für gymnastische Übungen der Voltigierer verwendet werden können.

Chambon Hilfszügel, der das Pferd in die Tiefe führt.

Deutsche Reiterliche Vereinigung e.V. (FN)
Dachverband für den Reit- und Fahrsport in der Bundesrepublik mit Sitz in Warendorf, Mitglied im Deutschen Sportbund. Abkürzung FN für Fédération National.

Durchlässigkeit Geschmeidigkeit des Pferdes, das willig Paraden annimmt und mit der Hinterhand vermehrt untertritt.

Durchparieren Übergang vom Galopp zum Schritt oder Trab zum Schritt und aus jeder Gangart zum Halten.

Dynamische Übung Eine Bewegungsform, deren Ablauf schwungvoll und fließend erfolgt.

Einzelvoltigieren Wettkampfmäßiges Voltigieren für Jugendliche ab 16 Jahren und älter, bei dem nur die Einzelleistung zählt im Gegensatz zum Gruppenvoltigieren.

Ersatzmann Der Voltigierer mit der Nummer 9, der bei Wettkämpfen nur eingesetzt wird, wenn ein anderer Voltigierer durch Verletzung ausfällt.

Fachbeirat Voltigieren Beratendes Gremium im Jugendausschuß der FN mit fünf Fachleuten, die sich mit allen Fachfragen des Voltigierens befassen.

FEI = Fédération Equestre Internationale, Weltverband der Reiter mit Sitz in Bern/Schweiz.

Feinform einer Bewegung bedeutet, daß der Bewegungsablauf einer Übung genauer und sicherer als bei der Grobform gelingt.

FN = Fédération Nationale, → Deutsche Reiterliche Vereinigung.

Galopp Wichtigste Gangart für das Voltigieren. Der Galopp ist ein Dreitakt mit der Fußfolge: äußeres Hinterbein, diagonales Beinpaar, inneres Vorderbein, freie Schwebe. Die Schubkraft erfolgt aus dem äußeren Hinterbein.

Gangarten Fortbewegungsarten des Pferdes, die sich durch die verschiedene Fußfolge unterscheiden. Grundgangarten sind Schritt, Trab und Galopp.

Gebäude ist die äußere Erscheinung und der Körperbau des Pferdes.

Gesamteindruck einer Gruppe bei Wettkämpfen umfaßt die Aufstellung, das Ein- und Auslaufen der Gruppe sowie ihr Auftreten und Verhalten. Wird insgesamt mit einer Wertnote beurteilt.

Grobform einer Bewegung bedeutet, wenn der Bewegungsablauf noch nicht sicher und fehlerhaft ist und die Übung erst im Anfangsstadium erlernt wurde. Dabei ist noch eine hohe Konzentration auf den Bewegungsablauf notwendig.

Gruppenübungen Doppel- oder Dreierübungen in der Kür, bei der zwei bzw. drei Voltigierer zusammen eine Übung ausführen.

Handwechsel Der Wechsel des Pferdes von der linken auf die rechte Hand oder umgekehrt.

Hebeübung Kürübung, bei der ein Voltigierer von einem oder zwei Voltigierern abgestützt oder hochgestemmt wird.

Hilfen sind die Einwirkungen des Reiters bzw. Longenführers auf das Pferd. Man unterscheidet zwischen verhaltenden und treibenden Hilfen.

Hinterhand Der hintere Teil des Pferdes, bestehend aus Kruppe, Hinterbeinen, Schweif.

Holzpferd Übungspferd aus Holz zum Üben und Ausprobieren von Voltigierübungen.

Hufschlag ist der Weg, auf dem sich das Pferd in der Reitbahn oder auf dem Zirkel bewegt.

Kardätsche Feste Roßhaar- oder Gummibürste zur Pflege des Pferdes.

Kondition Bezeichnung für den Trainingszustand und die Leistungsfähigkeit des Sportlers, aber auch des Pferdes.

Kreuzgalopp Fehlerhafter Galopp, bei dem das Pferd mit der Hinterhand links und mit der Vorderhand rechts galoppiert oder umgekehrt.

Kruppe Bezeichnung für den oberen Teil der Hinterhand des Pferdes zwischen der Lende und dem Schweif.

Kür Eine nach freier Wahl zusammengestellte Übungsfolge einer Voltigiergruppe oder eines Einzelvoltigierers. Im Gruppenvoltigieren enthält eine Kür vor allem Doppel- und Dreierübungen.

Lahmheit Keine gleichmäßige Belastung der Beine, deshalb unreine Gänge, verursacht durch Schmerzen/Verletzungen. Eine Lahmheit ist am leichtesten im Trab zu erkennen.

Landeskommission (LK) Die LK ist in jedem Bundesland für den Ablauf der Turniere, für die Ausbildung und Fortbildung der Richter und für die Genehmigung von Ausschreibungen zuständig.

Landesverband (LV) Verband in jedem Bundesland, in dem alle Reit- und Fahrvereine zusammengeschlossen sind; Mitglied des jeweiligen Landessportbundes.

Leistungsklassen Wettbewerbsklassen von Voltigiergruppen und Einzelvoltigierern entsprechend dem Leistungsstand.

Leistungsnachweis Bogen, auf dem alle Plazierungen und Wertnoten einer Wettkampfgruppe verzeichnet sind.

Linke Hand Das Pferd geht auf der linken Hand, wenn seine linke Seite dem Inneren der Reitbahn bzw. dem Zirkelmittelpunkt zugewendet ist.

Longieren Die Arbeit des Pferdes an der Longe, einer ca. 7 m langen Leine. Das Pferd bewegt sich im Kreis auf der Zirkellinie um den Longenführer auf der linken oder rechten Hand herum.

Lösen → Losgelassenheit

Losgelassenheit ist gegeben, wenn sich das Pferd natürlich, geschmeidig, ohne Verspannung bewegt. Sie wird durch das Lösen beim Ablongieren des Pferdes erreicht.

LPO (Leistungsprüfungsordnung) enthält alle Bestimmungen und Regelungen für Leistungswettkämpfe und Turniere des Reitsports auf Bundesebene, herausgegeben von der FN.

Meldestelle Befindet sich am Turnierplatz bei Wettkämpfen und Turnieren. Die teilnehmenden Reiter bzw. Voltigiergruppen müssen sich dort vor dem Start melden.

Methodik im Sport befaßt sich mit der Lehrweise beim Vermitteln von sportlichen Fertigkeiten: mit der Frage also, wie diese gelehrt werden sollen.

Nachgurten Anziehen des Gurtes nach dem Ablongieren und Lösen des Pferdes. Zu frühes oder mangelndes Nachgurten führt zu Satteldruck.

Nennung für einen Voltigierwettkampf enthält alle Angaben über das Pferd, den Ausbilder und die Teilnehmer. Geht dem Veranstalter des Wettkampfes zu und muß das Nenngeld enthalten.

Obermann (OV) Derjenige Voltigierer, der bei einer Partnerübung oben ist.

Parade Man unterscheidet zwischen halber und ganzer Parade. Annehmende und nachgebende Zügelhilfe mit der Longe.

Pas de deux Kürwettbewerb mit zwei Voltigierern gleichzeitig auf dem Pferd.

Peitschenschlag Schnur aus Leder, die an der Spitze der Longierpeitsche befestigt ist.

Pflicht Sechs vorgeschriebene Übungen, festgelegt in den Richtlinien für das Voltigieren, die jeder Voltigierer in einer bestimmten Reihenfolge ausführen muß.

Plazierung bei Wettkämpfen erfolgt auf Grund der Gesamtnote (Endnote) jeder Gruppe und bestimmt die Reihenfolge der Gruppen bei der Siegerehrung.

Protokoll Enthält kurze Hinweise auf die Schwächen und Stärken einer Gruppe bei einem Wettkampf.

Rechteckpferd Pferd mit einem langen Rücken; die Höhe der Vorhand bis zum Widerrist ist niedriger als die Länge des Rumpfes.

Rechte Hand Die rechte Seite des Pferdes ist dem Inneren der Reitbahn bzw. dem Zirkelmittelpunkt zugewendet.

Richter Sachverständige, die bei Turnieren und Wettkämpfen die Leistung einer Voltigiergruppe beurteilen und bewerten. Sie werden von der Landeskommission in einer Richterliste geführt.

Richtlinien für das Voltigieren der FN enthalten alle Ausführungsbestimmungen, die Bewertung und Abzüge für Pflicht und Kür sowie den Gesamteindruck bei Wettkämpfen.

Sattellage Leichte Einsenkung hinter dem Widerrist des Pferdes.

Satteldruck Scheuer- und Druckstellen auf dem Rücken des Pferdes, verursacht durch einen schlechtsitzenden Voltigiergurt oder mangelndes Nachgurten.

Schritt ist eine schreitende Gangart im Viertakt, bei der die vier Beine nacheinander ab- und auffußen.

Schwung des Pferdes zeigt sich im Trab oder Galopp am schwingenden Rücken und den federnden Hinterbeinen.

Spreizfähigkeit Fähigkeit des Sportlers, die Beine möglichst weit vorwärts, seitwärts oder rückwärts auseinanderzuspreizen. Trainierbar durch spezielle Dehnungsübungen.

Statische Übung wird über einige Galoppsprünge in derselben Haltung ausgehalten.

Stockmaß Dient zur Bestimmung der Höhe eines Pferdes, gemessen mit einem Stab vom Erdboden bis zum Widerrist.

Strahl Keilförmige Erhohung in der Mitte des Hufs.

Stretching Gehaltene Dehnungsgymnastik ohne Nachfedern.

Striegel Putzgerät, das zum Aufrauhen des Felles und zum Abstreichen der Kardätsche dient.

Strukturgruppen Nach Bewegungsverwandtschaften geordnete, in der Struktur ähnliche Übungen.

Takt ist das Gleichmaß der Bewegungen des Pferdes. Er soll deutlich erkennbar sein und ist bestimmend für die Reinheit der Gänge. Der Schritt ist ein Viertakt, der Galopp ein Dreitakt und der Trab ein Zweitakt.

Taktfehler Fehler bei der Mühle, deren Ablauf in einem Viertakt erfolgen soll. Für jeden Taktfehler pro Phase gibt es einen Punkt Abzug.

Temperament ist ein Teil der Gemütsart des Pferdes und für die Gehfreudigkeit des Pferdes wesentlich.

Trab Schwungvolle Gangart des Pferdes im Zweitakt, bei der jeweils das diagonale Beinpaar gleichzeitig ab- und auffußt.

Übungsleiter Amateursportlehrer, der für seine Sportart eine Lizenz vom Landessportbund erhält.

Übungsteil ist ein Teil einer Übungsfolge oder Übungsverbindung.

Untermann (UV) Voltigierer, der bei einer Partnerübung einen anderen Voltigierer stützt.

Untertreten bedeutet, wenn das Pferd die Vorhand hebt und mit der Hinterhand das Gewicht trägt.

Versammlung Das Pferd steht an den Hilfen und tritt mit der Hinterhand unter.

Voltigierwart, -lehrer Ausbilder, die diese Qualifikation und eine Trainerlizenz aufgrund von Lehrgängen und einer Prüfung durch die FN erworben haben.

Vorhand Der vordere Teil des Pferdes, bestehend aus Kopf, Hals, Brust und Vorderbeinen.

Wallach Männliches Pferd, kastrierter Hengst.

Widerrist Erhöhte Stelle zwischen dem Mähnenkamm und der Sattellage des Pferdes.

Zirkel Kreisbahn mit einem Mindestdurchmesser beim Voltigieren von 13 Meter, auf der das Pferd longiert wird.

Weiterführende Literatur

Voltigieren

Deutsche Reiterliche Vereinigung:
Ausbildungs- und Prüfungsordnung (APO).
FN-Verlag Warendorf 1990
Enthält alle Bestimmungen und Anforderungen für das Voltigierabzeichen, Ausbildung zum Voltigierwart, -lehrer und im heilpädagogischen Voltigieren, Ausbildung zum Voltigierrichter.

Deutsche Reiterliche Vereinigung:
Richtlinien für Reiten und Fahren, Band 3 »Voltigieren«.
FN-Verlag Warendorf, 7. Aufl. 1990
Richtlinien für das Voltigieren, enthält alle Bestimmungen und Anforderungen für Voltigierwettkämpfe.

Video-Lehrband: FN-Video:
FN-Lehrfilm Voltigieren.
»Schwerpunkt Pflicht«.
FN-Verlag Warendorf 1990

Deutsche Reiterliche Vereinigung:
Sportlehre für Reiten, Fahren, Voltigieren.
FN-Verlag Warendorf 1982
Mit einem Beitrag von Wolf-D. Schönfelder über erzieherisches Handeln im Voltigierunterricht.

Fédération Equestre Internationale:
Rules for Vaulting Events.
FEI Bern, 2. Aufl. 1986
Internationales Reglement in englischer und französischer Sprache.

Handbuch Pferd.
BLV-Verlag München, 3. Aufl. 1990
Mit einem Beitrag von Ulrike Rieder über den Voltigiersport und vielen interessanten Beiträgen rund ums Pferd.

Huismann, B./Huismann G.:
Akrobatik.
ro-ro-ro Verlag Reinbek 1988
Das Buch gibt einen Einblick in den Aufbau
von akrobatischen Partnerübungen mit den
passenden Griffen.

Martin, Andrea: **Voltigieren.**
Verlag Paul Parey, Berlin/Hamburg,
2. Aufl. 1991
Kindgemäß geschriebenes Buch für Voltigier-
anfänger.

Müller-Kaler, Annette und Michael:
Gruppenkür, Technik und Methodik.
Münsterschwarzacher Beiträge zur Theorie
und Praxis des Voltigierens, Band 1.
Eigenverlag Würzburg 1988
Wichtige Darstellung zur korrekten Bewe-
gungstechnik von Kürübungen.

Umgang mit dem Pferd

Deutsche Reiterliche Vereinigung:
Reiterpaß-Fibel.
FN-Verlag Warendorf, 6. Aufl. 1989

Deutsche Reiterliche Vereinigung:
**Richtlinien für Reiten und Fahren,
Band 4 »Longieren«.**
FN-Verlag Warendorf, 7. Aufl. 1989

Brandl, Selma: **Richtig Reiten.**
BLV-Verlag München 1989

Von Neumann-Cosel-Nebe, Isabell:
Das Pferdebuch für junge Reiter.
FN-Verlag Warendorf, 2. Aufl. 1988

Pollay, Heinz:
Das Reiterabzeichen – leicht gemacht.
BLV Verlag München, 7. Aufl. 1991
Enthält auch die Anforderungen für den
Reiterpaß und Kleines Hufeisen.

Pollay, Heinz:
Jugendreiterabzeichen.
BLV Verlag München 1981
Praxis und Wissen für die Prüfung.

Heilpädagogisches Voltigieren

Kröger, Antonius:
Heilpädagogisches Voltigieren.

Ringbeck, Bernhard:
**Psychomotorische Förderung bewegungs-
auffälliger Kinder durch heilpädagogisches
Voltigieren.**
Beide Beiträge in: Gäng, Marianne (Hrsg.):
Heilpädagogisches Reiten und Voltigieren.
Reinhardt Verlag München/Basel,
2. Aufl. 1990

Gymnastik

Knebel, Peter:
**Funktionsgymnastik – Training – Technik –
Taktik.**
ro-ro-ro Verlag Reinbek, 3. Aufl. 1990

Preibsch, Michael/Reichardt, Helmut:
Schongymnastik.
BLV Verlag München 1989

Roy, Adolf:
Richtig Fitnessgymnastik.
BLV Verlag München, 2. Aufl. 1989

Sternard, Dagmar:
Richtig Stretching.
BLV Verlag München, 3. Aufl. 1989

Sternard, Dagmar/Bozdech, Klaus:
Spaß am Stretching.
BLV Verlag München 1990

Trainingslehre

Grosser, M./Neumaier, A.:
Techniktraining.
BLV Verlag München 1982

Grosser/Starischka/Zimmermann:
Konditionstraining.
BLV Verlag München 1989

Anhang

Hahn, Erwin:
Kindertraining.
BLV Verlag München 1982

Röthig, P./Größing, St. (Hrsg.),
Dietrich Martin (Verf.):
Kursbuch 2: Trainingslehre.
Limpert Verlag Wiesbaden,
4. Aufl. 1990

Weineck, Jürgen:
Optimales Training.
Perimed-Verlag Erlangen, 7. Aufl. 1990

Methodik

Rieder, H./Fischer, G.:
Methodik und Didaktik im Sport.
BLV Verlag München 1986

Bewegungslehre

Baumann, H./Reim, H.:
Sport – Bewegungslehre.
Verlag M. Diesterweg Frankfurt,
2. Aufl. 1989

Rieder, H./Lehnertz, K.:
Bewegungslernen und Techniktraining
Hofmann Verlag Schorndorf 1991

Röthig P./Größing, St.:
Kursbuch 3: Bewegungslehre.
Limpert Verlag Wiesbaden, 3. Aufl. 1990

Anschriften, die weiterhelfen

Bundesrepublik Deutschland

Deutsche Reiterliche Vereinigung (FN)
Freiherr-von-Langen-Str. 13
4410 Warendorf 1
Tel. 02581/636201

Deutsche Richtervereinigung
Geschäftsstelle siehe FN
Postfach 110265
Tel. 02581/636245

Kuratorium Therapeutisches Reiten
Geschäftsstelle siehe FN
Postfach 110265
Tel. 02581/636211

Fachschule für Voltigieren des
Landesverbandes Niedersachsen
Dehnenweg 30
3156 Hohenhameln
Tel. 05128/7007

Die Adressen der Landesverbände sind in
den Voltigierrichtlinien der FN zu finden.
Außerdem ist bei der FN ein umfangreiches
Adressenverzeichnis mit allen wichtigen
Adressen von den Voltigierbeauftragten der
Landesverbände, Richtern, Lehrgangsleitern
und den Kadermitgliedern erhältlich.

Österreich

Bundesverband für Reiten und Fahren
in Österreich
Prinz-Eugen-Str. 14/1/6a
A-1040 Wien
Tel. 0222/5058363

Kuratorium für Hippotherapie,
Heilpädagogisches Voltigieren und Reiten,
Behindertenreiten
Kinderspital Salzburg
Müllner-Hauptstr. 48
A-5020 Salzburg

Schweiz

Fédération Equestre Internationale (FEI)
Bolligenstr. 54
Postfach
CH-3000 Bern 32
Tel. 031/429342

Schweizerischer Verband für Pferdesport
Blankweg 70
Postfach 232
CH-3072 Ostermundingen BE
Tel. 031/515624

Schweizerische Vereinigung für Heil-
pädagogisches Reiten und Voltigieren (SVHPR)
Postfach 24
CH-8320 Fehraltorf

Schweizerischer Voltigeverband
Hardungstr. 6
CH-9011 St. Gallen
Tel. 071/245106

Dank

Meinem Mann *Hermann* für sein Verständnis und seine sportfachliche Beratung sowie meinen Kindern *Martin, Felix* und *Lisa* für ihre Geduld; des weiteren den Freunden dieser Sportart, die mitgeholfen haben, daß dieses Buch nun wieder neu entstanden ist: vor allem *Björn Ahsbahs, Silke Michelberger, Peter Petersen, Dr. Kuno von Plocki* von der Schwarzwaldtierklinik Neubulach, *Ute Reiser, Agnes Werhahn* und allen anderen, die mich bei meinem Vorhaben unterstützt haben.

Bücher mit viel Pferde-Verstand

Kurt Albrecht
Ausbildungshilfen für Pferd und Reiter

Britta Bergström
So sitzt du fest im Sattel
Eine Reitlehre für Mädchen
und Jungen

Ulrike Buurman-Paul/Winfried Paul
Moderne Pferdezucht und Haltung
Vererbung, Trächtigkeit, Geburt und
Aufzucht

Claus Dencker
Das Oldenburger Pferd
Unveränderter Nachdruck von Heft 10
der Schriftenreihe aus deutschen
Zuchten 1941

Kerstin Diakont
Das Westernpferd. Der Westernreiter
Ausrüstung, Haltung und Ausbildung

Carl-Heinz Dömken
Stammpferde der Araberzucht
Deutschland, Ägypten, Arabien,
Polen, USA, England, Ungarn,
Russland, Spanien, Band II

Elwyn Hartley Edwards
Pferdeausbildung
Von der Weide zum Turnier

Gerd Emich
Naturheilkunde Pferdekrankheiten
Band 1: Bewährte
Behandlungsmethoden

Gerd Emich
Naturheilkunde Pferdekrankheiten
Band 2: Erkrankungen der
Atmungsorgane

Gerd Emich
Naturheilkunde Pferdekrankheiten
Therapieplan mit
130 homöopathischen Heilmitteln

Uta Engelmann/Ulrike Buurman-Paul
So zieht man Fohlen auf
Artgerechte Aufzucht und Haltung,
Pflege und Erziehung

Uta Engelmann/Ulrike Buurman-Paul
Vom Fohlen zum Reit- und Fahrpferd
Aufzucht und Ausbildung im Einklang
mit der natürlichen Veranlagung des
Pferdes

Lars Gehrmann/Maas J. Hell
Die großen Hengste Holsteins
Die bedeutendsten Vererber in der
Holsteiner Zucht

Manfred Gold
Der Pferdewirt
Reiten, Zucht und Haltung, Rennrei-
ten, Trabrennfahren

Lucinda Green
Buschreiten
Das Handbuch für die Praxis

Handbuch Pferd
Zucht, Haltung, Ausbildung, Sport,
Medizin, Recht

Günther Hangen
Sportpferde aus Hessen
Geschichte, Zucht und Sport

Helmut Hechler
Mein Pferd geht lahm
Probleme rund um den Bewegungs-
apparat. Ursachen, Symptome,
Behandlung

Holger Heck/Jürgen Casper
**Erfolgreiche Deckhengste
in Deutschland**
Die Beschäler in Privatbesitz

Holger Heck/Volker Greiner
Schritt, Trab, Galopp
Eine Anleitung nicht nur für den
Anfänger im Sattel

Holger Heck/Herbert Weiss
Das Haupt- und Landgestüt Marbach
Die Pferde, die Landschaft, die Men-
schen und 400 Jahre Zuchtgeschichte

John Hickman
Der richtige Hufbeschlag
Illustriertes Handbuch für Theorie
und Praxis

Charles de Hombourg
Rechtsfibel für Reiter und Fahrer
Verhalten im Straßenverkehr, in Wald
und Flur. Pferdetransport, Turniersport, Tierschutz, Versicherungen

Jeremy Houghton Brown/Sarah
Pilliner/Vincent Powell-Smith
Pferde-Management
für Halter, Züchter, Trainer

Gerhard Kapitzke
Das Pferd von A – Z
Rassen, Zucht, Haltung

Philippe Karl
Hohe Schule mit der Doppellonge
Präsentiert von einem Reiter des
Cadre Noir in Saumur

Jürgen Kemmler
Mit Pferden durchs Jahr

Heinz Kiemann
Neue Reitschule
Klassische Grundausbildung bis zur
Turnierreife

François Lemaire de Ruffieu
Besser Springreiten
Basistraining für Pferd und Reiter

Susan McBane
Richtige Zäumung. Gutes Reiten.

Birgit Neuhaus
Das Freizeitpferd. Der Freizeitreiter
Rassen, Haltung, Ausrüstung,
Ausbildung

Winfried Paul
Deutschlands beste Ponys
Zucht, Sport, Freizeit

Winfried Paul
Haflinger in Europa
Liebe ohne Grenzen

Heinz Pollay
Das Reiterabzeichen leicht gemacht
Mit Richtlinien und Anforderungen
Reiterpaß, Kleines Hufeisen,
Reiternadel

Erika Schiele
Araber in Europa

Fritz Schilke
Trakehner Pferde – einst und jetzt

Ulrik Schramm
Die Untugenden des Pferdes
Im Stall und unter dem Sattel

Ulrik Schramm
Das verrittene Pferd
Ursachen und Wege der Korrektur

Hans Joachim Schwark
Pferdezucht
Ein Fachbuch für Pferdezüchter
und -sportler

Otto Schweisgut
Haflinger Pferde
Ursprung, Zucht und Haltung,
weltweite Verbreitung

English edition:
Otto Schweisgut
The Haflinger
Origins, Breeding and Care,
Worldwide Distribution

Ute Seeßlen (Hrsg.)
Ein Pferd – ein Freund
Die schönsten Pferdegeschichten

Caroline Silver
Pferderassen der Welt
mit über 200 farbigen Abbildungen

Edward C. Straiton
Pferdekrankheiten
erkennen + behandeln

Karin Symanczyk
Das Westfälische Pferd
Zucht und Sport

In unserem Verlagsprogramm finden Sie Bücher zu folgenden Sachgebieten:

**Garten und Zimmerpflanzen • Natur • Angeln, Jagd,
Waffen • Pferde und Reiten • Sport und Fitness •
Reise und Abenteuer • Wandern und Alpinismus •
Auto und Motorrad • Essen und Trinken • Gesundheit**

Wünschen Sie Informationen, so schreiben Sie bitte an:

BLV Verlagsgesellschaft mbH • Postfach 40 03 20 • 8000 München 40